FINANÇAS COMPORTAMENTAIS E ARQUITETURA DE ESCOLHAS

Como prever a irracionalidade do mercado
e criar soluções financeiras humanizadas

FINANÇAS COMPORTAMENTAIS E ARQUITETURA DE ESCOLHAS

Martin Casals Iglesias
Gabriel K. Padovesi

ALTA BOOKS
GRUPO EDITORIAL
Rio de Janeiro, 2024

Finanças Comportamentais e Arquitetura de Escolhas

Copyright © **2024** STARLIN ALTA EDITORA E CONSULTORIA LTDA.
ALTA BOOKS é uma empresa do Grupo Editorial Alta Books (Starlin Alta Editora e Consultoria LTDA).
Copyright © **2024** Martin Casals e Gabriel Padovesi.
ISBN: 978-85-508-2089-7

Impresso no Brasil — 1ª Edição, 2024 — Edição revisada conforme o Acordo Ortográfico da Língua Portuguesa de 2009.

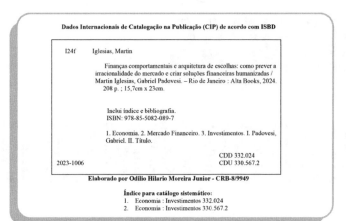

Todos os direitos estão reservados e protegidos por Lei. Nenhuma parte deste livro, sem autorização prévia por escrito da editora, poderá ser reproduzida ou transmitida. A violação dos Direitos Autorais é crime estabelecido na Lei nº 9.610/98 e com punição de acordo com o artigo 184 do Código Penal.

O conteúdo desta obra fora formulado exclusivamente pelo(s) autor(es).

Marcas Registradas: Todos os termos mencionados e reconhecidos como Marca Registrada e/ou Comercial são de responsabilidade de seus proprietários. A editora informa não estar associada a nenhum produto e/ou fornecedor apresentado no livro.

Material de apoio e erratas: Se parte integrante da obra e/ou por real necessidade, no site da editora o leitor encontrará os materiais de apoio (download), errata e/ou quaisquer outros conteúdos aplicáveis à obra. Acesse o site www.altabooks.com.br e procure pelo título do livro desejado para ter acesso ao conteúdo..

Suporte Técnico: A obra é comercializada na forma em que está, sem direito a suporte técnico ou orientação pessoal/exclusiva ao leitor.

A editora não se responsabiliza pela manutenção, atualização e idioma dos sites, programas, materiais complementares ou similares referidos pelos autores nesta obra.

Grupo Editorial Alta Books

Produção Editorial: Grupo Editorial Alta Books
Diretor Editorial: Anderson Vieira
Editor da Obra: J. A. Ruggeri
Vendas Governamentais: Cristiane Mutüs
Gerência Comercial: Claudio Lima
Gerência Marketing: Andréa Guatiello

Assistente Editorial: Ana Clara Tambasco
Revisão: Alessandro Thomé e Mariá Tomazoni
Diagramação: Joyce Mattos
Capa: Lorrahn Candido

Rua Viúva Cláudio, 291 — Bairro Industrial do Jacaré
CEP: 20.970-031 — Rio de Janeiro (RJ)
Tels.: (21) 3278-8069 / 3278-8419
www.altabooks.com.br — altabooks@altabooks.com.br
Ouvidoria: ouvidoria@altabooks.com.br

Editora
afiliada à:

Para minha amada Pamella, que sempre potencializou meus sonhos.

Gabriel Padovesi

Dedico este livro a todos aqueles que trabalham para fazer com que as finanças estejam a serviço das pessoas.

Martin Iglesias

AGRADECIMENTOS

A todos os amigos e colegas dessa trajetória, que nos ajudaram a preparar o terreno e a plantar as sementes que deram origem a este livro, que é fruto de anos de conhecimento prático, maturado em um ambiente de livre-pensamento e troca constante.

E aos nossos familiares, que proporcionaram o carinho e o apoio que tornaram o terreno fértil para esta obra enfim florescer.

SUMÁRIO

Introdução
xi

CAPÍTULO 1
Alguns nomes, conceitos e áreas de estudo importantes
1

CAPÍTULO 2
Teoria da perspectiva: a pedra fundamental da economia comportamental
19

CAPÍTULO 3
Questões históricas, sociológicas e de temperamento
29

CAPÍTULO 4
Vieses, heurísticas e erros previsíveis
45

CAPÍTULO 5
Finanças comportamentais e planejamento financeiro pessoal
73

CAPÍTULO 6
Arquitetura de escolhas
91

CAPÍTULO 7
Aplicações práticas de *nudges* e arquitetura de escolhas
119

CAPÍTULO 8
Metodologias aplicadas a negócios
133

CAPÍTULO 9
Tecnologia e finanças comportamentais
155

Conclusão
171

Atividades para reflexão
173

Bibliografia
185

Índice
193

INTRODUÇÃO

Se você chegou até este livro, podemos fazer uma inferência sobre sua personalidade: **você é gente boa.**

A economia comportamental é um tema intrigante, gostoso de discutir e cheio de curiosidades, mas quem quer aprender a praticá-la normalmente tem um quê a mais, uma vontade de fazer a diferença, de contribuir para melhores escolhas financeiras, seja em um âmbito individual, seja no coletivo.

Se você trabalha com atendimento ao público, é gerente de contas de um banco, especialista, agente autônomo ou consultor de investimentos, encontrará neste livro maneiras de reconhecer melhor **seus clientes** e, também, de **orientá-los** e **protegê-los** caso suas escolhas sejam inconsistentes ou demasiado emocionais.

Por outro lado, se você atua em áreas de comunicação, projetos, políticas públicas ou toda a sorte de profissões em que pode influenciar uma ou diversas escolhas, também encontrará um ferramental importante de **técnicas para impactar positivamente seu público**, de forma exponencial.

Caso seu objetivo seja encontrar os **principais pensadores, conceitos e teorias** da economia comportamental, você também

FINANÇAS COMPORTAMENTAIS E ARQUITETURA DE ESCOLHAS

chegou ao livro certo. Mas se quiser dar um passo a mais e desvendar maneiras de realmente **colocar tudo em prática**, definitivamente este é o seu lugar.

Martin Iglesias e Gabriel Padovesi praticam esses conceitos **há mais de uma década**. Em conjunto, vivenciaram todas as transformações pelas quais o tema vem passando, desde uma primeira fase de "discutir a relação" com a economia, colocando a lápide definitiva no túmulo do *Homo economicus*, até a descoberta da arquitetura de escolhas como ferramenta para a criação de bem-estar individual e coletivo, passando pelo deslumbramento do mercado financeiro pelos *nudges* e seu potencial de gerar impactos assombrosos com virtualmente custo zero até chegar ao momento atual, de avaliar se o *nudge* é realmente a "bala de prata".

Trazendo conceitos complementares dos mais diversos ramos, como **tecnologia, design, marketing, ciência de dados, inovação e novas tendências**, Martin e Gabriel querem levá-lo a compreender a economia comportamental além da academia e, assim, habilitar o uso dessa vasta ciência como um poderoso agente de mudança, seja para negócios, estudos ou políticas públicas.

CAPÍTULO 1

ALGUNS NOMES, CONCEITOS E ÁREAS DE ESTUDO IMPORTANTES

Por que nem sempre as pessoas conseguem tomar boas decisões?

Por que, mesmo sabendo que devem poupar, cuidar da saúde e da alimentação, não o fazem? Por que no mercado financeiro se repetem com tanta frequência as bolhas financeiras? Por que, mesmo depois de inúmeros casos amplamente noticiados, pessoas caem em esquemas de pirâmides financeiras?

É possível entender a reação das pessoas a acontecimentos econômicos? É possível, de alguma forma, ajudá-las a evitar cometer os mesmos erros repetidamente?

Essas e muitas outras perguntas, que são objeto de estudo há muito tempo, têm um ponto em comum: se referem a comportamentos e a decisões, na sua maioria financeiras.

O interessante é que, para responder a essas questões, é necessária uma abordagem multidisciplinar, ou seja, é necessário colocar

FINANÇAS COMPORTAMENTAIS E ARQUITETURA DE ESCOLHAS

em prática conceitos matemáticos, psicológicos, econômicos, sociológicos e até antropológicos – conceitos esses que nem sempre são tratados em conjunto. Talvez por isso o tema seja tão interessante.

Para começar, vamos tentar definir o escopo de atuação de alguns campos de estudo, e isso não é necessariamente fácil, dado que há grande intersecção entre os assuntos. De qualquer forma, vamos lá:

› **Psicologia econômica** – Ramo originário da psicologia que se interessa pelo processo de tomada de decisão das pessoas quando o assunto está ligado a um ato econômico. Estamos falando de decisões de consumo, investimento, competição ou cooperação econômicas, individualismo ou altruísmo, medos, ganância etc.

› **Economia comportamental** – Não é tão diferente da psicologia econômica, mas foi originada por economistas, que por sua vez precisam estudar o modo como as pessoas pensam e como se comportam em decisões econômicas. Por se tratar de uma abordagem econômica, tende a ter mais rigor matemático e quantitativo do que a psicologia econômica.

› **Finanças comportamentais** – Podemos dizer que se trata de um subgrupo da economia comportamental que aborda as questões econômicas apenas quando ligadas a finanças. Hábitos de poupança, aversão a risco ou perdas, efeitos de dotação, excesso de confiança nos investimentos... As finanças comportamentais estudam tanto comportamentos individuais ligados a decisões financeiras quanto o impacto agregado dessas decisões. O prêmio de risco do mercado de ações, questões ligadas a precificação de ativos e bolhas financeiras são alguns exemplos.

Alguns nomes, conceitos e áreas de estudo importantes

> **Neuroeconomia** – É o mais recente dentre os quatro campos citados neste trabalho e estuda a função cerebral durante a tomada de decisões econômicas. Por exemplo, a partir de eletrodos, é possível verificar quais áreas do cérebro são ativadas ao tomar decisões de consumo, poupança, doação, competição, entre outras escolhas financeiras. Esse mapeamento permite analisar as emoções que participam do processo decisório.

Os quatro campos de estudo se interligam, e vários estudiosos do assunto abordam questões ligadas a mais de um deles. Embora tenha havido muitos avanços recentes nessas linhas, encontramos diversos autores bastante antigos que, de uma ou outra forma, abordam questões que muito posteriormente seriam formalizadas por estudiosos do tema.

Para se ter uma ideia, já no século XVIII, **Adam Smith** – que é considerado "o pai da economia moderna" –, abordou diversas questões ligadas ao comportamento no livro *Teoria dos sentimentos morais*, que de forma geral se opõem ao *Homo economicus* e à própria hipótese do mercado eficiente (HME).

Veja uma citação:

> *"...há alguns princípios na natureza do homem que o fazem interessar-se pela sorte dos outros, e considerar a felicidade deles necessária para si mesmo, embora nada extraia disso senão o prazer de assistir a ela."*

A citação de Smith fala sobre altruísmo, questão central no comportamento e que vai contra a questão da racionalidade perfeita e a busca pela maximização do benefício próprio.

FINANÇAS COMPORTAMENTAIS E ARQUITETURA DE ESCOLHAS

Keynes aborda também a questão de os economistas serem capazes de entender com clareza a natureza humana, olhando para todas as direções possíveis: "...(o economista) tem que ser em parte matemático, historiador, administrador, filósofo. Tem que entender símbolos e falar palavras. Tem que contemplar o particular em termos do geral e tocar o abstrato e o concreto no mesmo voo de pensamento. Tem que estudar o presente à luz do passado para os fins do futuro. Nenhuma parte da natureza humana ou de suas instituições pode ficar de fora do seu campo de visão..."

Entretanto, apesar de as questões de comportamento estarem presentes há muito tempo na literatura econômica, é importante destacar alguns autores que têm promovido enormes avanços no assunto:

> **Daniel Kahneman** — Psicólogo e matemático de origem israelense, vencedor do Prêmio Nobel de Economia em 2002, é considerado o maior expoente das finanças comportamentais. Ao desenvolver a teoria da perspectiva com Amos Tversky, criou as bases para o desenvolvimento dessa nova área dentro das finanças. Sua linha de estudos é ampla, englobando a forma como investidores se comportam em situações de incerteza e as heurísticas e vieses no processo decisório. Dentre suas publicações mais relevantes destacam-se o *paper* de 1979 *"Prospect Theory, an analisys of decision under Risk"* e o best-seller *Rápido e devagar: duas formas de pensar.*

> **Amos Tversky** — Parceiro de Kahneman em seus principais projetos, inclusive no desenvolvimento da teoria da perspectiva. Se estivesse vivo em 2002, muito provavelmente teria sido agraciado com o Prêmio Nobel ao lado de Daniel Kahneman.

Alguns nomes, conceitos e áreas de estudo importantes

> **Robert Shiller** — Economista e professor norte-americano, vencedor do prêmio Nobel em 2013. Incorporou de forma pioneira o impacto do comportamento individual no preço dos ativos financeiros. Focou muito dos seus estudos no entendimento do efeito de manada e na geração de bolhas financeiras. Seu famoso livro *Exuberância irracional*, que descreve a formação de bolhas, foi muito citado, inclusive pelo presidente do Banco Central do EUA, durante a "crise das pontocom", no início dos anos 2000.

> **Herbert Simon** — Economista norte-americano, vencedor do Prêmio Nobel em 1978. Foi um dos pioneiros da psicologia cognitiva e precursor dos estudos ligados à tomada de decisão dentro de organizações econômicas. Criador do conceito de *"bounded rationality"*, ou racionalidade limitada, que tenta explicar que as decisões não são tomadas de forma otimizada, às vezes por falta de toda a informação necessária, mas principalmente pela incapacidade humana de processá-la corretamente.

> **Werner De Bondt** — Economista de origem belga, estuda desde os anos 1980 o comportamento de investidores, com foco especial na reação exagerada dos mercados, na formação de bolhas e no efeito de manada. Junto com diversos economistas, incluindo Kahneman, Tversky, Thaler e Shiller, publicou o artigo "Does the Stock Market Overreact?", que se tornou referência no assunto.

> **Richard Thaler** — Economista norte-americano, vencedor do Prêmio Nobel de Economia em 2017, focou a forma como a teoria da perspectiva afeta os preços dos ativos, inclusive o prêmio de risco do mercado acionário. Um dos maiores expoentes no que passou a ser chamado "arquitetura de escolhas", criou o conceito de *nudges*, que

FINANÇAS COMPORTAMENTAIS E ARQUITETURA DE ESCOLHAS

são pequenas interferências no processo de decisão (por exemplo, na maneira como as informações são apresentadas), de forma a facilitar a escolha. Autor do best-seller *Nudge: o empurrão para a escolha certa*.

> **Shlomo Benartzi** — Economista israelense, trabalhou em parceria com Thaler em diversos projetos. Em conjunto, definiram o conceito de "aversão a perdas por miopia" e criaram um dos melhores programas até hoje desenvolvidos para aumentar a taxa de poupança em fundos de pensão, o Save More Tomorrow. Hoje trabalha focado em aplicar os *insights* da psicologia econômica para resolver problemas sociais.

> **George Loewenstein** — Economista norte-americano, trouxe importantes contribuições sobre escolha intertemporal, inconsistências temporais e impaciência, questões que afetam diretamente a escolha entre consumir e poupar. Junto com Drazen Prelec, propôs o conceito de "desconto hiperbólico", que descreve a dificuldade de um ser humano escolher um grande benefício no futuro em detrimento de uma pequena compensação no presente, quando esta é iminente.

> **Dan Ariely** — Economista israelense especialista em arquitetura de escolhas, estuda a fundo o processo decisório do ser humano. Além de professor e pesquisador, ajuda empresas e governos a buscarem alternativas que possam ajudar as pessoas a tomarem as decisões certas, mesmo que seja por motivos não convencionais. Dentre suas obras mais influentes, além de diversos trabalhos acadêmicos, destacam-se o livro *Previsivelmente irracional* e o documentário *(Dis)Honesty – The Truth About Lies*.

> **Michael Pompian** — Seu *background* de planejador financeiro o levou a ser um dos primeiros a tentar incorporar a teoria das finanças comportamentais no processo de assessoria financeira. Seus livros *Behavioral Finance and Wealth Management* e *Behavioral Finance and Investor Types* descrevem procedimentos práticos para recomendar investimentos que levam em conta os vieses do investidor.

Existem diversos outros estudiosos do assunto que também merecem destaque, como **Terrance Odean**, que propôs o conceito de "efeito disposição" — a tendência de os investidores manterem por mais tampo ações com perdas do que ações ganhadoras –, e **Drazen Prelec**, estudioso do desconto hiperbólico — que, entre outras coisas, explica a dificuldade de poupar.

Mais recentemente, o Prêmio Nobel laureou novamente pesquisadores ligados à economia experimental e à economia comportamental, como é o caso do trio **Abhijit Banerjee, Esther Duflo** e **Michael Kremer**, que desenharam e implementaram experimentos de campo em comunidades carentes da África e da Índia.

Alguns grupos de trabalho e estudo também têm se tornado referência no assunto, como o **Behavioural Insights Team**, da Inglaterra, focado em políticas públicas, e o **Núcleo de Finanças Comportamentais da CVM**.

No Brasil, alguns dos principais nomes ligados ao tema são:

> **Vera Rita de Mello Ferreira** — Professora, psicanalista e doutora em Psicologia Econômica que atua em diversas frentes com órgãos de renome, como a Organização para a Cooperação e Desenvolvimento Econômico (OCDE), Banco Mundial e Banco Central do Brasil. Também é uma autora pioneira, tendo publicado livros como *Psicologia*

FINANÇAS COMPORTAMENTAIS E ARQUITETURA DE ESCOLHAS

econômica: estudo do comportamento econômico e da tomada de decisão.

> **Flávia Ávila** — Fundadora da primeira pós-graduação em Economia Comportamental no Brasil, CEO da consultoria InBehavior Lab e líder de mais de vinte experimentos de campo ligados ao tema.

> **Jurandir Sell Macedo** — Doutor em finanças e professor da primeira disciplina de finanças pessoais do Brasil, na Universidade Federal de Santa Catarina. Tem histórico de atuações junto a diversas instituições privadas, como Itaú Unibanco, Genial Investimentos e Warren.

Como surgiram as finanças comportamentais?

Muitos dizem que qualquer importante avanço científico vem das respostas que uma bem-sucedida teoria anterior não conseguiu responder. As finanças comportamentais parecem confirmar muito bem essa frase: elas surgem como contraposição à visão de que as decisões econômicas são tomadas por indivíduos otimizando racionalmente seus resultados, após a análise de todas as possibilidades e com acesso a todas as informações necessárias.

No mundo das finanças, essa visão de capacidade quase ilimitada de obter informações, processá-las corretamente e transformá-las em uma precificação precisa gerou um dos conceitos mais importantes no mercado, a **hipótese do mercado eficiente** (HME). Apesar de ter permitido enormes avanços, a HME, lamentavelmente, tem seus limites, principalmente por partir da desconsideração de que o mercado é resultado da interação entre pessoas e que estas estão sujeitas a erros por questões de limitação de processamento e pelas emoções ligadas às decisões de investimentos.

Vejamos como podemos descrever essa importante teoria:

"...Mas devemos a Francis Galton uma engenhoca que pode nos ajudar a entender muito melhor o risco, principalmente aquele ligado ao mercado de ações. Estamos falando do Quincunx."

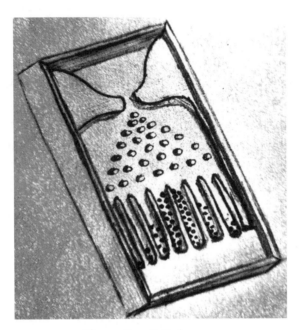

Figura 1 — O Quincunx

O Quincunx (ver Figura 1 — O Quincunx) é uma caixa de madeira em que um grupo de pregos está disposto na forma de triângulo, com a face de maior dimensão aberta, para ser usada em um plano inclinado. Galton colocou na parte superior da caixa uma canaleta, pela qual podia ser colocada uma pequena bolinha. A bolinha entrava na caixa, começava a cair — por estar em um plano inclinado — e se deparava com um prego. Ao bater nele, a bolinha

FINANÇAS COMPORTAMENTAIS E ARQUITETURA DE ESCOLHAS

se direcionava ora para a esquerda, ora para a direita, e caía para um nível mais baixo. Nesse novo nível, havia agora dois pregos, um destinado a se tornar um obstáculo, caso a bolinha tivesse caído para a direita, e outro, caso tivesse caído para a esquerda. Ao encontrar-se com qualquer um desses dois pregos, a bolinha novamente seria direcionada ora para a direita, ora para a esquerda. Após cair mais um nível, a bolinha se encontraria com mais um estágio, desta vez com três pregos. O procedimento se repetia por várias ocasiões, até que, após passar pelo último deles, a bolinha caía em uma cavidade e lá ficava, esperando outras bolinhas que seriam jogadas depois dela, até o término da experiência.

Galton, que era um cientista respeitável como outros em sua família (inclusive era primo de Charles Darwin, o criador da Teoria da Evolução), não fez a engenhoca por pura diversão; ele tinha uma lição importante a nos transmitir: embora fosse totalmente impossível dizer se a bolinha iria para a esquerda ou para a direita, cada vez que ela se deparasse com um prego, era sim possível prever que, ao jogar um conjunto grande de bolinhas, haveria uma maior concentração nas cavidades do meio do Quincunx. Isso acontece pelo simples fato de que existem muitos caminhos que podem levar uma bolinha às cavidades centrais, entretanto, só um caminho era possível para que a bolinha se posicionasse na última cavidade da esquerda. Para chegar à cavidade da extrema esquerda, seria necessário que a bolinha tivesse ido sempre para aquele lado toda vez que se deparasse com um prego. Para atingir a última cavidade da direita, seria necessário que ela tivesse ido para a direita, uma após outra vez, sempre que encontrasse um prego no caminho. A lógica nos diz que isso é raro, mas não impossível de acontecer.

Ou seja, se fossem jogadas muitas bolinhas, haveria uma maior concentração delas na cavidade do meio do Quincunx. Seria também de se esperar que o número de pequenas esferas fosse menor, quanto mais as cavidades se distanciassem do meio, seja para a esquerda ou para a direita. No fim das contas, é possível até prever como seria o formato de acúmulo das bolinhas após cada uma delas ter passado pela engenhoca. Isto é, da imprevisibilidade individual (de cada bolinha) surge um padrão coletivo que pode de alguma forma ser previsto.

Galton estava ilustrando o modelo binomial (o nome binomial vem da possibilidade binária de acontecimento — no caso, esquerda e direita), e esse modelo é pai da Curva Normal, cujas características e sua fórmula foram determinadas posteriormente por outro matemático de nome Gauss, que até hoje dá nome à curva — Curva Normal, Curva de Gauss ou Curva de Sino.

O Quincunx não foi a primeira e nem a mais recente ferramenta de quantificação de risco, e muito menos a mais importante. Entretanto, demonstra-se extremamente lúdico e nos permite, por meio de uma simples imagem, absorver uma série de conceitos complexos. Ele também convive de forma metafórica com uma Roda da Fortuna, que gira livremente, enquanto ele (Quincunx), como qualquer caixa, prende e aprisiona. Ela está ligada à aceitação da imprevisibilidade; ele, à dominação, à imposição de limites, a cálculos... É isso, a liberdade da roda contra a prisão da caixa. Nada melhor para ilustrar a diferença entre a incerteza e o risco.

Mas o que isso tem a ver com o mercado financeiro? Na verdade, a bolinha caindo pode ser interpretada como o valor de uma ação, que pode subir se, ao bater no prego, for para a direita, ou cair, se for para a esquerda. Cada uma das fileiras de pregos representa um período de negociação, as cavidades onde entram as bolinhas no fim do Quincunx são as possíveis cotações da ação no futuro. As centrais representam os preços mais prováveis de serem atingidos; os extremos, os menos prováveis. A probabilidade de serem atingidos os preços é quantificada como a quantidade de

FINANÇAS COMPORTAMENTAIS E ARQUITETURA DE ESCOLHAS

bolinhas que caiu em cada casa dividida pela quantidade total de bolinhas jogadas.

A grande questão que se apresenta é: o que nos leva a crer que as ações se comportam desse jeito? Se o mercado de ações é tão complexo e sujeito a tantas variáveis, como podemos nos atrever a simplificá-lo de forma a caber em uma pequena caixa de madeira com um monte de pregos?

Galton não construiu o Quincunx com o intuito de estudar o preço dos ativos financeiros, coube a Louis Bachelier fazer o link entre a ferramenta e o mercado. Em 1900, ele publicou seu trabalho "Teoria da Especulação", que é até hoje considerado o precursor da Teoria Moderna de Finanças. Nele, o autor descreve suas constatações de que o preço das ações é influenciado por praticamente infinitas variáveis, que são imprevisíveis por natureza. Em função da imprevisibilidade, o mercado acaba apresentando chances iguais de cair e subir.

Bachelier suportou seus estudos com o trabalho de Robert Brown sobre moléculas, que, ao estarem imersas em fluidos, apresentam movimentos erráticos e imprevisíveis. Esse tipo de movimento foi denominado de Movimento Browniano.

Se Bachelier provou matematicamente o movimento aleatório das cotações do mercado de ações, foi Paul Samuelson (laureado com Nobel) quem justificou o porquê do caminho aleatório. Segundo ele, as ações se comportam da forma errática e imprevisível descrita pela Quincunx porque os mercados são eficientes.

A eficiência de mercado se refere, em última instância, à forma e à velocidade com que as informações são processadas e transferidas às cotações dos ativos financeiros. Segundo a hipótese do mercado eficiente de Samuelson, as informações relevantes conseguem ser capturadas e precificadas de forma muito rápida, e isso se deve ao fato de que os mercados são monitorados por milhares de analistas pelo mundo afora, que conseguem identificar as informações e quantificar o impacto delas em cada ativo. São as novas informações (erráticas e imprevisíveis por natureza) que, ao serem incorporadas nas cotações, promovem aquele efeito de caminho aleatório.

A conclusão que emerge da hipótese do mercado eficiente é interessante e até certo ponto inesperada para muitos. Veja, se todas as informações relevantes são quase instantaneamente transferidas às cotações, temos que concluir que as ações (e outros ativos financeiros) estão sempre corretamente precificadas e, em outras palavras, não há distorções de preços; portanto, não é possível comprar ativos subavaliados nem vender ativos superavaliados. A conclusão de Samuelson complica a vida dos muitos agentes econômicos para os quais o motivo de atuação no mercado é apenas encontrar essas possíveis distorções de preços. (Iglesias, Martin C. *Investimentos, textos para nunca mais esquecer*).

No final dos anos 1970 e início dos anos 1980, diversos economistas começaram a questionar a "racionalidade perfeita": Herbert Simon propôs a ideia de "racionalidade limitada", e Kahneman e Tversky desenharam a teoria da perspectiva. Mas foi Robert Shiller quem apresentou um estudo cuja metodologia era particularmente interessante, gerando enorme impacto na comunidade científica econômica e que, décadas depois, o levaria a ser laureado com o Nobel: *o* artigo "Do Stock Prices Move Too Much to be Justified by Subsequent Changes in Dividends?" ("Os preços das ações se movem o suficiente para serem justificados por mudanças subsequentes em seus dividendos?", em tradução livre).

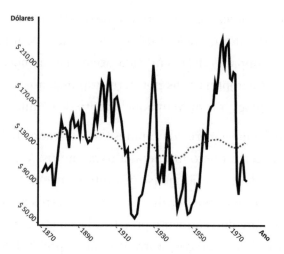

Figura 2 — Comparação entre o valor de mercado e o preço justo do índice S&P500

Esse gráfico traz os mesmos dados que Shiller publicou em seu artigo. A linha cheia representa a cotação do índice S&P500 desde perto do ano 1870 até pouco antes de 1980.

O valor de uma ação pode ser obtido a partir do processo de *valuation*, que, no fim das contas, é o valor presente dos dividendos que serão gerados pela empresa no futuro. Obviamente, quando vemos uma cotação no dia a dia, não sabemos os dividendos futuros — eles precisam ser estimados por meio da análise da capacidade da empresa, do cenário no qual ela está inserida no presente e, também, daquele em que se acredita que estará inserida no futuro.

Como qualquer análise sobre o futuro, essa avaliação é difícil de fazer, mas a melhor estimativa disponível deveria ser o valor da ação negociada, pois reflete a convergência de todos os agentes de mercado sobre como se comportarão os dividendos da companhia no futuro.

Quando olhamos para mais de cem anos no passado, por exemplo (como no caso do gráfico anterior), temos uma vantagem matemática enorme. Passamos a ter em nossas mãos os dividendos que foram efetivamente pagos e, com isso, somos capazes de calcular com precisão (não apenas estimar) qual deveria ser o valor real da empresa em um momento do passado. É exatamente isso que é apresentado na linha pontilhada do gráfico de Shiller.

A análise combinada das duas linhas é muito interessante:

> *"A linha cheia, a cotação do S&P500, é a melhor estimativa do que o mercado via sobre aquela cesta de ações. Já a linha pontilhada é quanto ela vale realmente. Em outras palavras, é como se a linha cheia fosse a previsão do mercado em relação à linha pontilhada. Para ser ainda mais lúdico, podemos imaginar que a linha cheia é a previsão do tempo para amanhã e a linha pontilhada é a temperatura que de fato ocorre."*

Como a linha cheia não acompanha nem de perto a linha pontilhada, podemos afirmar que o mercado não fez um bom trabalho na precificação das ações que compuseram o índice.

Mas, como assim? O mercado não devia ser eficiente, capaz de incorporar as informações de forma rápida e precisa? Como fica então a hipótese do mercado eficiente?

Esse gráfico convenceu várias pessoas de que há muita coisa que a HME não consegue prever e que a grande diferença entre as duas linhas poderia ser explicada por fatores comportamentais, como euforia e pânico. A partir desse gráfico, muitos passaram a entender o quanto as finanças comportamentais teriam a contribuir.

Citamos novamente o livro de Martin:

> *"Para aqueles que operam no mercado financeiro na busca de ativos mal precificados, segue uma*

FINANÇAS COMPORTAMENTAIS E ARQUITETURA DE ESCOLHAS

constatação, um alento e uma advertência. A constatação vem do fato de que claramente os mercados não são perfeitamente eficientes; pelo contrário, com muita frequência, eles apresentam graus muito elevados de ineficiência e irracionalidade. O que são as bolhas senão erros de avaliação coletivos ou erros na interpretação ou na consideração das informações relevantes, que levam a uma precificação errada e muitas vezes irracional dos ativos? Não estou afirmando que os mercados sejam ineficientes por natureza; na verdade, eles se aproximam mais da eficiência do que da total ineficiência, mas fato é que podemos questionar a hipótese do mercado eficiente e, por consequência, acreditar que é possível, sim, com dedicação e capacidade (este é o alento), encontrar ativos incorretamente avaliados."

Sistema 1 e sistema 2

No seu best-seller *Rápido e devagar: duas formas de pensar*, Daniel Kahneman propõe, de maneira lúdica, a divisão do cérebro em dois sistemas, com características muito diferentes.

Cada um dos sistemas é ativado em diferentes circunstâncias, e podemos dizer que muitos dos problemas decorrentes de más decisões financeiras estão ligados à tomada de decisão pelo sistema inadequado. Os sistemas propostos por Kahneman são os seguintes:

Sistema 1: Pensamento rápido, automático, impulsivo. Funciona muito bem na maior parte das circunstâncias, fica alerta o tempo todo, mas costuma cometer erros sistemáticos, pois está submetido a vises emocionais, que podemos, por analogia, tratar como ilusões cognitivas, análogas às ilusões óticas (bem mais conhecidas pelo público em geral). O número 1 serve para evidenciar que esse sistema é o primário, automático, e, portanto, é ativado antes do sistema 2.

Atividades ou decisões ligadas ao sistema 1:

- Detectar se um objeto está mais perto do que outro.
- Completar a frase "pão com...".
- Fazer cara de susto ao ver uma imagem horrível.
- Detectar hostilidade em uma voz.
- Responder quanto é 2 + 2.
- Ler palavras em grandes letreiros.
- Dirigir um carro em uma estrada vazia.
- Fazer uma grande jogada no xadrez (se você é um mestre do jogo).

Sistema 2: Pensamento analítico, responde por decisões lógicas; tem raciocínio crítico e precisa ser ativado por meio de esforço. Sua capacidade é limitada, pois se cansa quando é muito demandado.

Atividades ou decisões ligadas ao sistema 2:

- Responder quanto é 7 x 43.
- Preparar-se para o disparo de início de uma corrida.
- Manter uma caminhada superior ao normal para o corpo.
- Contar as letras em uma página de texto.
- Dizer a uma pessoa o número de seu telefone.
- Estacionar em um espaço pequeno.
- Comparar duas máquinas de lavar pelo seu valor total.

FINANÇAS COMPORTAMENTAIS E ARQUITETURA DE ESCOLHAS

Agora que entendemos o que são e como funcionam os sistemas 1 e 2, fica claro que seria ideal que as decisões mais complexas e relevantes de nossa vida fossem sempre, ou pelo menos na grande maioria das vezes, tomadas pelo sistema 2.

Entretanto, os fatos nos permitem constatar que muitas dessas decisões — entre elas, as decisões de investimento — são tomadas não no sistema 2, mas no sistema 1; ou seja, por impulso e rapidamente, levando em conta questões já citadas, como ganância e pânico, e não tomando necessariamente os cuidados naturais ligados ao sistema 2 (de certa forma, muito disso está, conforme já abordado, no gráfico de Shiller).

Muitas dessas questões, ligadas a erros sistemáticos de avaliação e às possíveis formas de tentar reduzir os seus efeitos, serão discutidas nos próximos capítulos.

CAPÍTULO 2

TEORIA DA PERSPECTIVA: A PEDRA FUNDAMENTAL DA ECONOMIA COMPORTAMENTAL

Periodicamente, a empresa Dalbar, líder em serviços de pesquisa sobre o mercado financeiro nos Estados Unidos, publica um estudo sobre o comportamento do investidor, chamado "Quantitative Analysis of Investor Behavior" ("análise quantitativa do comportamento do investidor", em tradução livre), que sempre traz pontos relevantes. Uma constatação muito interessante é feita ao comparar o retorno de fundos passivos, que tentam acompanhar o S&P500, com o retorno dos investidores que aplicam nesses mesmos fundos.

Alguém, sem prestar muita atenção, poderia pensar que esses dois retornos (do fundo passivo em S&P500 e a média dos inves-

FINANÇAS COMPORTAMENTAIS E ARQUITETURA DE ESCOLHAS

tidores) deveriam ser iguais, uma vez que todo o patrimônio do fundo é composto por dinheiro dos cotistas investidores, mas não é bem assim. Os investidores geralmente decidem aplicar no fundo após um ciclo de valorização, o que faz com que muitos deles não se beneficiem desse primeiro movimento de alta, já que ainda não tinham investido no fundo. Por outro lado, muitos investidores se assustam com os primeiros movimentos de queda e realizam prejuízos que, em muitos casos, não existiriam se eles tivessem a paciência de esperar.

O relatório de 2015, por exemplo, aponta para o fato de que o retorno médio anual do S&P500 nos vinte anos anteriores foi de 9,85% ao ano (nada mau para o padrão dos investimentos nos Estados Unidos), enquanto o retorno médio dos investidores foi de 5,19%, uma diferença enorme, de 4,66% por ano.

Essa diferença recebeu o nome de **behavioral gap**, pois só pode ser explicada por problemas comportamentais que impedem o investidor de extrair o máximo resultado possível de seus investimentos. É aí que as finanças comportamentais entram. Entender esse *gap* comportamental e agir de forma a eliminá-lo é um trabalho valioso que está no centro do escopo da nova ciência.

A teoria da perspectiva, desenvolvida por Kahneman e Tversky, surgiu justamente para tentar entender respostas que muitas vezes parecem irracionais. É, portanto, a busca por uma lógica por trás da aparente irracionalidade.

Teoria do portfólio

É difícil tentar descrever a teoria da perspectiva sem antes abortar o tema da teoria do portfólio, que dá origem às finanças modernas e na qual, entre os principais pontos, está a importância da diversificação.

"Não colocar todos os ovos na mesma cesta" é uma frase citada com muita frequência quando se fala sobre diversificação. Poucos sabem que essa frase aparece no livro *Dom Quixote de La Mancha* e foi dita por Sancho, seu fiel escudeiro, em uma tentativa de fazer seu senhor ponderar os riscos de se meter em uma luta com um cavaleiro bem mais forte e equipado.

Essa, entretanto, não é a única referência que a literatura nos oferece sobre diversificação. William Shakespeare abre *O mercador de Veneza* com uma conversa em que Antônio, o mercador, discorre sobre suas estratégias de navegação, dizendo que não gosta de colocar todos seus recursos na empreitada de um único navio.

Certamente, esse conceito de diversificação, que evita uma potencial perda total, é considerado uma boa ideia faz muito tempo. Penso que uma das coisas mais bonitas nas boas ideias é que, frequentemente, elas evoluem. No caso da diversificação, devemos a evolução do conceito a Harry Markowitz, que, em 1952, publicou a teoria do portfólio, que acabou lhe rendendo um Prêmio Nobel em 1990.

Markowitz conseguiu provar que diversificação é bem mais do que a frase de Sancho consegue capturar. Na verdade, ele demonstrou que a diversificação traz benefícios na **relação de risco e retorno**. Ou seja, em determinadas circunstâncias, que veremos a seguir, a diversificação permite aumentar o retorno esperado e, simultaneamente, reduzir os riscos dos investimentos.

Imaginemos por um instante um agricultor que decide optar por plantar um vegetal — que chamaremos de "A". Espera-se que, em condições normais, o vegetal lhe dê resultado de 100 unidades mo-

FINANÇAS COMPORTAMENTAIS E ARQUITETURA DE ESCOLHAS

netárias após um ano. Entretanto, se as condições de clima forem muito frias, haverá a perda de uma parte importante da colheita e o resultado financeiro poderá ser de apenas 80 unidades monetárias. Mas se o clima for quente, o cultivo se desenvolverá muito bem, e o resultado chegará a até 120 unidades monetárias.

Estamos falando de um investimento de risco, pois não temos certeza do resultado que será obtido. Entretanto, conseguimos estimar o pior e o melhor cenário. No fim das contas, o agricultor espera ter um retorno de 100, podendo oscilar entre 80 e 120 unidades monetárias.

O agricultor tem a opção de, em vez de plantar A, escolher outro vegetal, que chamaremos de "B" e que, em condições normais, dará a ele um retorno de 120 unidades monetárias. Ao contrário de A, esse vegetal se desenvolve melhor em condições de frio, o que pode aumentar seus ganhos para 160 unidades monetárias. Entretanto, se o clima for quente, ele terá uma pequena perda de lucratividade e obterá lucro de 80 unidades monetárias. Ou seja, no caso de plantar o vegetal B, ele terá retorno esperado de 120, podendo variar entre 80 e 160 unidades monetárias.

Podemos dizer que o vegetal B tem mais risco que o A, pois seu retorno é menos previsível. No caso de B, o retorno pode variar em 80 unidades, pois pode atingir um mínimo de 80 e um máximo de 160. Já no caso de A, a possível variação é de 40 (de 80 a 120).

Suponhamos que o agricultor, após ler Cervantes, decida dividir seu terreno em duas partes iguais. Em uma delas, plantará A, e na outra, B. Ao fazer isso, os riscos individuais de cada plantação caem pela metade, ou seja, na parte destinada a A, temos retorno esperado de 50, podendo variar entre 40 e 60. Já B tem retorno esperado de 60, podendo variar entre 40 e 80.

O interessante é que o resultado total da plantação combinada vai para 110 (50 de A e 60 de B), mas os resultados extremos mudam muito. Agora a possível oscilação pode variar entre 120, caso o clima venha a ser frio (40 de A e 80 de B), e 100, se for quente (60 de A e 40 de B). Em outras palavras, o risco — medido como a amplitude de possíveis resultados — passa a ser de 20 unidades (de 100 a 120), ou seja, menor do que o risco de qualquer um dos vegetais individualmente.

A diversificação trouxe, simultaneamente, aumento de retorno e redução de risco. E não apenas isso: a redução de risco se deu mesmo com a inserção de um ativo mais arriscado na carteira!

No caso em estudo, o benefício veio porque os dois vegetais não são afetados da mesma forma pelos eventos do clima. Para diversificar um portfólio de forma eficiente, é preciso procurar ativos que não sejam perfeitamente correlacionados, ou seja, que não reajam da mesma forma aos acontecimentos do mercado.

Uma frase muito usada nos Estados Unidos é "a diversificação é a melhor amiga do investidor", e outra prega que "a diversificação é o único almoço grátis", pois só com a diversificação é possível aumentar o retorno enquanto se reduzem também os riscos.

Então, entendemos que a teoria moderna de finanças se baseia em alguns princípios bem simples, como diversificar e ter horizontes de investimento bem longos. Ela deu origem também a toda a indústria de gestão passiva de investimentos, suportada pela própria hipótese do mercado eficiente. Ou seja, para ser bem-sucedido no mercado, bastaria ter uma cesta de investimentos que replica índices, como o Ibovespa ou o S&P 500, combinando-a com uma quantidade de ativos livres de risco, de tal modo que essa composição esteja de acordo com a tolerância a risco do investidor.

Teoria da perspectiva

A teoria da perspectiva difere de outras tantas por ter sido criada a partir de constatações da realidade, e não de um modelo matemático que em muitas ocasiões não a reflete. As análises das funções de utilidade das finanças modernas eram assim, partiam de postulados aparentemente lógicos, como "investidores desejam sempre aumentar sua riqueza", ou "investidores desejam maximizar seus retornos e minimizar seus riscos".

Na verdade, esses postulados foram aos poucos se mostrando incompletos e imperfeitos. Pessoas podem se submeter a situações que provocam perda de riqueza quando desejam ajudar alguém e, em casos extremos, quando desejam prejudicar outrem. Mesmo o postulado sobre minimização de risco não é verdadeiro em 100% das situações: existem casos em que se deseja correr mais riscos, mesmo que o retorno não compense.

Na teoria de Kahneman e Tversky, a matemática continua presente, mas surge para delimitar e dar estrutura às observações reais feitas pelos autores ao longo de muitos anos.

São duas as equações que tentam explicar o comportamento do investidor. A primeira é a função de valor, ou *value function* (VF), na Figura 2 — Função de valor (VF), e a segunda é função de ponderação de probabilidades, ou *probability weighting function* (PWF), na Figura 3 — Função de ponderação de probabilidades (PWF).

A primeira calcula o valor subjetivo associado a cada ganho ou perda. De forma simplificada, a perda de uma unidade monetária gera um desgosto que só pode ser compensado pelo ganho de duas unidades monetárias.

Existe uma anedota recorrente sobre isso: imagine que você está caminhando pela rua e encontra uma nota de R$100 perdida, sem ninguém por perto que possa reivindicá-la. Essa descoberta lhe daria uma quantidade X de alegria.

Você guarda, então, o dinheiro em um bolso e decide ir para um shopping center comemorar, liquidando o dinheiro recém-conquistado. Depois de escolher cuidadosamente em que gastar, você coloca a mão no bolso, apenas para descobri-lo furado e vazio. A nota de R$100 desapareceu.

Como você se sentiria?

Pela visão econômica tradicional, você deveria estar neutro ou neutra, uma vez que perdeu o equivalente àquela quantidade X de alegria. Porém, Kahneman e Tversky identificaram, por meio da função de valor, que a dor dessa perda equivale, em média, a 2,2 vezes mais do que a satisfação pelo ganho!

É por isso que você estaria disparando os maiores impropérios se isso acontecesse.

A segunda função mede o modo como os indivíduos avaliam mentalmente as probabilidades. De forma geral, as pessoas tendem a sobreavaliar chances baixas e a subavaliar chances medianas ou altas. Em certa medida, jogamos na loteria porque mentalmente avaliamos nossas chances de ganho como sendo muito maiores do que realmente são, e acabamos pagando um valor financeiro pela aposta, que, embora pareça pequeno, é muito grande quando comparado às nossas possibilidades de ganho. Ou seja, o valor da aposta deveria ser bem menor do que realmente é, dada a quase desprezível chance de ganho.

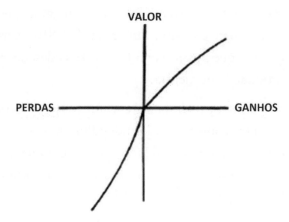

Figura 3 — Função de valor (VF)

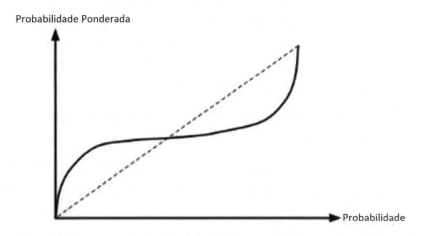

Figura 4 — Função de ponderação de probabilidades (PWF)

Todo investimento pode ser representado como o conjunto de retorno e risco esperados, ou seja, todo investimento é uma distribuição de probabilidades. O risco pode ser medido pelo desvio padrão, que estima o quão dispersos são os resultados possíveis. Quanto maior a dispersão — ou seja, quanto mais imprevisível for o resultado —, maior será o risco do ativo.

Com o risco e o retorno, é possível calcular a utilidade de um investimento. É isso que Kahneman e Tversky fizeram na versão cumulativa da teoria da perspectiva. Basta colocar as chances de ocorrência de cada retorno na PWF e multiplicar o resultado pelo valor associado a cada ganho ou perda. A somatória dessa multiplicação para todos os retornos é a utilidade do investimento.

Complicado? De fato, não é tão simples como comparar rentabilidades ou utilizar alguns índices financeiros para avaliar o desempenho de fundos de investimento, mas uma boa planilha eletrônica consegue dar conta do recado.

Na verdade, o intuito deste capítulo não é que o leitor saia calculando a utilidade de investimentos. O que pretendo é dizer que já é possível estimar e quantificar a forma como as pessoas reagem perante seus resultados.

Tais avaliações são realizadas por todos, mesmo sem saberem fazer a conta, pois são feitas com o seu "coração" — ou quem sabe com seu "estômago" —, e não com um computador, nem com uma calculadora.

Aversão a perdas míope

Benartzi e Thaler usaram as ideias de Kahneman para tentar explicar o prêmio de risco do mercado acionário (*equity premium*) dos Estados Unidos. Eles definiram o conceito de "*myopic loss aversion*", ou "aversão a perdas míope", ou ainda apenas "miopia", segundo o qual muitas pessoas relutam a investir em ações em função da aversão a perdas (definida por Kahneman) e do curto período de avaliação de resultados, mesmo para investimentos realizados com objetivos de longo prazo.

FINANÇAS COMPORTAMENTAIS E ARQUITETURA DE ESCOLHAS

Eles concluíram que a atratividade das ações é inferior aos investimentos em renda fixa quando o período de avaliação é curto. Em prazos maiores, a situação se inverte. Isso ocorre porque a volatilidade das ações é alta e em horizontes curtos, o que provoca resultados negativos com grande frequência e desagrega muito valor em função da aversão a perdas.

Quando o horizonte de avaliação aumenta, acontecem dois efeitos. O primeiro é que a frequência de retornos negativos diminui (chamamos isso de diversificação temporal, ou "*time diversification*"), e o segundo é que o *equity premium* (ganho adicional do mercado de ações sobre a renda fixa) aparece. Ou seja, a aversão a perdas e os curtos horizontes de avaliação acabam fazendo com que muitos investidores não invistam em ações e, consequentemente, não se beneficiem dos retornos do mercado acionário no longo prazo.

Em primeiro lugar, é importante entender que temos esse viés de curto prazo. Cabe também aos assessores financeiros alertar para esse comportamento, para que os vieses, como a aversão a perdas míope, possam ser combatidos mais eficientemente.

Mas os consultores e especialistas de investimentos não são os únicos que podem se beneficiar dos conceitos das finanças comportamentais. Áreas que desenvolvem produtos financeiros em bancos e empresas de gestão de ativos também podem usá-los, pois lhes permitirão criar produtos e gerir portfólios que agreguem mais valor ao investidor.

Fato é que é preciso tomar muito cuidado ao avaliar os investimentos de longo prazo com um olhar de curto prazo. É como querer navegar em um oceano guiado não por uma luneta e um astrolábio, mas por uma lupa: podem-se perder oportunidades e sofrer perdas desnecessárias.

CAPÍTULO 3

QUESTÕES HISTÓRICAS, SOCIOLÓGICAS E DE TEMPERAMENTO

Sabemos que o nível de poupança no Brasil é bastante baixo.

O valor do amanhã, livro escrito por Eduardo Giannetti da Fonseca, tenta explicar essa dificuldade de poupar. Nele, a questão é abordada por diversos ângulos: biológico, antropológico, psicológico e sociológico.

A abordagem sociológica sobre a questão para o Brasil se baseia nas culturas que mais influenciaram na formação do povo brasileiro. Sabemos que três raças são centrais para definir o que somos hoje: os povos indígenas, os povos de matrizes africanas e os portugueses.

Tomar uma decisão de poupança é uma escolha no tempo, uma transferência de recursos e bem-estar do hoje para o futuro. O ponto é que essa escolha intertemporal tem algumas particularidades nesses três grupos: em primeiro lugar, as pessoas escravizadas e

FINANÇAS COMPORTAMENTAIS E ARQUITETURA DE ESCOLHAS

contrabandeadas para o Brasil foram submetidas a muitos sofrimentos, dentre eles a total privação da liberdade. E o que é a liberdade senão a possibilidade de escolha sobre o que seremos no futuro? Um escravizado tem tolhidas as escolhas sobre seu futuro; portanto, faz sentido adotar algum hábito de poupança?

E os indígenas brasileiros? Eles estavam inseridos em um ambiente de abundância — as frutas estavam disponíveis, assim como animais e peixes. Não fazia muito sentido estocar, já que, quando houvesse a necessidade de alimento, bastava pegá-lo. Os irmãos Villas Boas relatam que, em algumas tribos brasileiras, a própria palavra "amanhã" sequer existia. É de se esperar, portanto, que hábitos de poupança não existissem entre os indígenas brasileiros, embora não fosse assim em tribos de outros lugares do mundo, onde muitas eram obrigadas a estocar grãos e outros alimentos para os períodos de escassez.

E os portugueses que vieram ao Brasil? De fato, eles se mostraram bastante imediatistas. Estabeleceram-se na costa, onde era mais fácil embarcar o que retiravam do continente, e demoraram para se aventurar Brasil adentro. O historiador Sérgio Buarque de Holanda afirma que os espanhóis chegaram a apelidar os portugueses de "caranguejos", por ficarem sempre o mais perto possível da areia do mar. Já os portugueses do continente têm hábito de poupança, talvez não necessariamente em dinheiro, mas a fabricação de linguiça, as alheiras e outras comidas desse tipo são uma forma de estocar alimentos (poupança) para o período em que é mais difícil de obtê-los. Os portugueses que vieram até o Brasil, pelo menos nas primeiras ondas de migração, não se caracterizavam por esse hábito.

A consequência é que a identidade que surge da combinação desses três povos também não carrega consigo o hábito de poupar. O viés de priorizar o presente era bastante claro desde o início.

E é possível atribuir, de certa forma, o persistente alto nível de taxa de juros no Brasil à baixa taxa de poupança. As taxas de juros não deixam de ser um preço de equilíbrio entre oferta e demanda por dinheiro, sendo que a oferta vem dos poupadores — sejam nacionais ou internacionais —, e a demanda é dada pelo consumo no presente ou por empresas que querem fazer investimentos produtivos.

É de se esperar que um lugar onde a oferta (poupança) é limitada e a demanda (consumo) é alta gere um preço de equilíbrio alto, que é a persistentemente elevada taxa de juros do país.

Outros estudos apontam para o fato de que características de temperamento como otimismo e extroversão são correlacionadas com baixos níveis de poupança. O pesquisador do Behavioural Science Centre da Universidade de Stirling, **Bernardo Fonseca Nunes**, afirma que há um grupo de pessoas com uma forte ausência de autocontrole, para o qual a inserção de conceitos de educação financeira não se reflete em mudança de comportamento.

Nunes destaca o *five factor model* (FFM), grupo de cinco traços de personalidade que são, atualmente, os mais aceitos na comunidade científica. Entre esses traços estão a extroversão (*extraversion*), a conscienciosidade (*conscientiousness*), a amabilidade (*agreeableness*), o neuroticismo ou instabilidade emocional (*neuroticism*) e a abertura para a experiência (*openness to experience*).

Segundo Gathergood (2012), desses cinco traços, a conscienciosidade (que é a tendência a ter autodisciplina) está correlacionada com a estabilidade profissional, e sua ausência está ligada ao alto grau de endividamento, enquanto a extroversão — característica de comportamento que está claramente muito presente nos povos latinos, entre eles o brasileiro — é significativamente associada com

FINANÇAS COMPORTAMENTAIS E ARQUITETURA DE ESCOLHAS

mais dívidas em crédito ao consumo e, também, com menos posse de ativos financeiros.

Isso acontece porque os extrovertidos têm momentos de felicidade quando realizam atividades compensadoras, especialmente se estiverem com outras pessoas, buscando mais prazeres imediatos, como sugere estudo de Oerlemans e Bakker (2014).

Ou seja, determinados traços de personalidade podem não ser positivamente influenciados pela educação financeira. Pelo contrário, podem até mesmo estar mais suscetíveis a comportamentos financeiros inadequados e prejudiciais.

O teste do marshmallow e a inconsistência nas escolhas intertemporais

O teste do marshmallow é frequentemente citado quando se trata de abordar o tema de escolhas no tempo. O desenho original do teste foi feito por Walter Mischel, da Universidade de Columbia.

Ele testou a capacidade que crianças tinham de adiar uma recompensa, colocando-as sozinhas em uma sala com monitoramento por falso espelho e lhes oferecendo um marshmallow. As crianças podiam comê-lo se quisessem, ou podiam aguardar até que o adulto retornasse, quando receberiam um segundo marshmallow — caso, obviamente, não tivessem comido o primeiro.

Algumas crianças conseguiram superar o teste e ficaram com dois marshmallows, mas muitas delas acabaram cedendo ao impulso e procuraram a recompensa imediata, acabando por comer o doce. As crianças mais novas foram as que tiveram mais dificuldade com o teste.

Questões históricas, sociológicas e de temperamento

O mais interessante é que Mischel e sua equipe testaram mais de seiscentas crianças, e o mapeamento desses indivíduos permitiu a outros pesquisadores entrarem em contato com os pais após muitos anos e, assim, conhecer como elas se desenvolveram ao longo do tempo.

Diversos estudos posteriores constataram que as crianças que superaram o teste (ou que pelo menos demoraram para comer o marshmallow) apresentaram, ao longo da vida, maior capacidade de autocontrole. De forma geral, essas crianças tiveram melhor desempenho escolar, conseguiram melhores empregos, tiveram relações mais estáveis e se autodenominaram mais felizes. As outras ficaram aquém nos itens citados.

Esses estudos nos ajudam a evidenciar a dificuldade que todos temos em relação a esperar por um grande benefício futuro quando existe uma recompensa imediata. Na maior parte dos casos, as pessoas preferem essa gratificação rápida a um grande benefício futuro, quando a primeira é iminente.

Podemos comparar a decisão das crianças a uma escolha financeira. Daria para dizer que a questão de um ou dois marshmallows é uma espécie de dilema entre gastar agora ou investir em algo que pode dar rendimento de 100% em poucos minutos.

Essa escolha não é diferente da dificuldade que temos para praticar exercícios, fazer uma dieta ou estudar. Em todos esses casos, há um esforço presente e uma recompensa futura. Muitas vezes a recompensa é trocada por um pequeno benefício presente, como descanso, doces ou lazer.

O dilema envolvido no teste do marshmallow é também conhecido como **escolha intertemporal**, que está sujeita a vieses descritos nas finanças comportamentais, como o **desconto hiperbólico**, que gera a **inversão de preferências** no tempo.

FINANÇAS COMPORTAMENTAIS E ARQUITETURA DE ESCOLHAS

Desconto exponencial *versus* desconto hiperbólico

Como explicar o porquê de preferirmos uma gratificação instantânea a uma recompensa postergada? Por que é tão difícil esperar, poupar ou deixar de comer algo de que gostamos para cumprir o regime?

Nosso cérebro foi moldado para viver em um ambiente ancestral, o que explica nossa impulsividade, principalmente quando somos jovens. Deixar de fazer algo que nos dá prazer, como sair com os amigos ou ir a uma festa, para cumprir prazos da faculdade ou do trabalho não é algo que nosso cérebro primitivo aceite sem reclamar. Lembrem-se de que a raça humana foi criada em um ambiente de escassez; a comida não era abundante e nem fácil de se obter. Por isso, nosso cérebro nos impelia a consumir o mais rapidamente o que fosse possível, pois talvez não houvesse mais depois. Nosso corpo criou mecanismos para "poupar" o excesso de calorias ingeridas por meio do acúmulo de gordura. Pois é, aquela barriguinha indesejável é a forma mais antiga que temos de poupar.

Ou seja, para que alguém aceite esperar, precisamos oferecer vantagens. Um teste bastante simples pode evidenciar essa tendência do ser humano: entre uma viagem a Paris na próxima semana e outra daqui a quatro anos, qual você prefere?

Se não tiver nenhuma limitação pessoal que o impeça, é natural que escolha a primeira opção.

Agora, vamos mudar as variáveis: a viagem imediata será realizada em classe econômica, terá a duração de uma semana e você terá oitenta euros para gastar por dia. A viagem daqui a quatro anos será feita em primeira classe, terá o dobro de tempo e disponibilizará duzentos euros por dia.

Ainda assim, a primeira opção prevalece entre a maior parte das pessoas. Se esse foi seu caso, você faz parte de uma grande parcela da população que abre mão de uma "taxa de juros" bastante elevada para ter a viagem com antecedência.

Vamos pensar em uma terceira situação: uma viagem a Paris daqui a quatro anos que durará uma semana, será feita em classe econômica e te dará oitenta euros para gastar. A outra seria daqui a oito anos, com duração de duas semanas, voo em primeira classe e duzentos euros para as despesas.

Nesse terceiro caso, que envolve a escolha entre uma viagem dentro de quatro anos e outra daqui a oito — a primeira mais curta e simples e a segunda mais sofisticada —, a possibilidade de as pessoas decidirem esperar e escolherem a segunda opção é maior.

Em termos econômicos, as duas situações são equivalentes: tanto a espera (quatro anos) quanto a significativa melhoria na viagem são as mesmas, em ambos os cenários. No entanto, a maioria das pessoas altera sua escolha.

Quem escolheu viajar imediatamente no primeiro exemplo, na classe econômica, quando se depara com o segundo exemplo, escolhe esperar mais e viajar melhor. Chamamos isso de **inversão de preferências.**

A economia tradicional considera que descontamos o futuro de forma exponencial, levando em conta o custo e o benefício de nossas escolhas — ideia que é basilar para as finanças e a economia tradicional.

Segundo esse entendimento, todas as pessoas que preferem usufruir a viagem imediata no primeiro caso também deveriam preferir viajar antes no segundo, daqui a quatro anos, em vez de oito. Mas isso não acontece porque, na segunda situação, muitos pensam: "Já

FINANÇAS COMPORTAMENTAIS E ARQUITETURA DE ESCOLHAS

que tenho mesmo que esperar, vou aguardar um pouco mais para ter uma viagem melhor".

No entanto, como nos demonstra o experimento da viagem, nosso cérebro não respeita o desconto exponencial ao tomar decisões intertemporais. Nossas decisões também são afetadas pelo sistema límbico, responsável pelas emoções e pela intuição. Damos grande valor para o agora e, assim, descontamos o futuro a uma taxa hiperbólica: deixar de sair com os amigos hoje é muito mais custoso do que deixar de sair com os mesmos amigos na próxima semana. Adiar o regime para a próxima segunda-feira é uma atitude que não mexe com seus instintos. Da mesma forma, economizar agora é muito mais difícil.

Poderíamos citar inúmeros exemplos de situações pelas quais passamos que são explicadas pelos descontos exponencial e hiperbólico. Com tantos conflitos internos no que se refere a nossas escolhas, viver hoje e se preparar para o amanhã é uma verdadeira arte.

Os economistas comportamentais costumam dividir as pessoas em dois grupos, no que tange à questão do desconto hiperbólico. O primeiro grupo são os chamados **sofisticados**, que têm uma clara noção de seu problema de inversão de preferências e que, portanto, sabem que sua força de vontade será colocada à prova quando chegar o momento da recompensa imediata. Têm um alto nível de consciência e ficam preocupados antecipadamente com o comprometimento de suas metas e de seus objetivos de longo prazo. Ao saberem disso, eles procuram mecanismos de autocomprometimento que os ajudem a vencer a tentação quando ela chegar.

Esses indivíduos buscam, por exemplo, investimentos sem liquidez (flexibilidade de retirada do dinheiro) ou com liquidez restrita; ou aplicações financeiras que fiquem menos visíveis, com o intuito de não sofrerem a tentação de resgatá-las.

Aqueles que confiam em demasia e de forma infundada na sua força de vontade futura recebem o nome de **ingênuos**. Trata-se de um grupo que frequentemente é surpreendido pela própria inversão de preferências e, portanto, precisa de ajuda para não sofrer as consequências de suas escolhas.

Como as crises financeiras afetam os hábitos de poupança das diferentes gerações

Mais do que um valor monetário, o dinheiro tem um significado particular para as pessoas. Influências do passado econômico dizem muito sobre a forma como lidamos com o orçamento pessoal, o que explica a relação entre as dificuldades econômicas e o comportamento financeiro das diferentes gerações.

Aqueles que viveram momentos de adversidades durante a infância e a adolescência tendem a poupar mais. Já quem vivenciou momentos de euforia econômica pode ter maior propensão a certo desperdício e ao uso do dinheiro em busca de prazer.

Se observarmos o que aconteceu no passado, vemos que as pessoas da geração *silent*, que enfrentaram a Crise de 1929 e a Segunda Guerra Mundial, adquiriram hábitos de poupança mais restritivos. O mesmo aconteceu com a geração X, por causa da crise do petróleo que impactou a América Latina.

Em uma espécie de reflexo dos ciclos econômicos que as acompanharam, as gerações que se seguiram imediatamente depois dessas experimentaram momentos opostos, de pujança, o que explica a menor preocupação com a poupança por parte dos *baby boomers*, que vieram após os *silents*, e a geração Y, subsequente à X.

Sempre após um momento mais pessimista, de restrições, surge uma geração mais otimista, habituada à fartura.

Parte de uma sequência lógica a expectativa de que os jovens nascidos entre 1992 e 1999 sejam mais poupadores. Esse grupo, que já faz parte da geração Z e está ganhando relevância agora no mercado de trabalho, convive há quase dez anos com a crise financeira iniciada em 2008 no mercado norte-americano e que contaminou o ambiente econômico global.

Do ponto de vista social, os "Z" são nativos digitais, ou seja, não conhecem o mundo sem internet. Nesse sentido, têm a seu favor os expressivos avanços tecnológicos que tornam o mercado financeiro mais acessível. As ferramentas de recomendação financeira via canais digitais, além de mecanismos de aplicações programadas em fundos DI, tesouro direto, previdência, ações, fundos imobiliários e até mesmo poupança aliam conveniência, praticidade e automação, potencializando o hábito de poupança.

Seja o comportamento financeiro dessa geração associado ou não ao ciclo econômico, acompanhá-lo será fundamental para entender o que está por vir, já que o componente tecnológico pode ter muita força para impulsionar o uso de soluções que ajudem a criar hábitos econômicos sustentáveis.

O digital como aliado na administração do orçamento e na tomada de decisões nos dará a dimensão sobre a influência do comportamento social nas finanças e a capacidade dos bancos de contribuir cada vez mais com o uso consciente do dinheiro.

A crise financeira como impulso à economia comportamental

A partir de 2008, quando uma grande crise assolou os Estados Unidos e a Europa, rapidamente irradiando para o restante do mundo, a importância da **educação financeira** passou a ser debatida com intensidade.

O que despertou esse interesse foi a origem da crise: o mercado imobiliário norte-americano, ou, mais especificamente, o segmento *subprime*, caracterizado por uma população com pouca capacidade de pagamento e, consequentemente, alto risco de crédito.

Naquela época, cidadãos norte-americanos sem garantias financeiras suficientes tiveram acesso a ofertas generosas de crédito para a compra de imóveis, sem terem a capacidade de manter as dívidas em dia caso acontecesse alguma piora em sua condição financeira, como a perda de um emprego, por exemplo.

Se por um lado pessoas altamente endividadas estavam comprando imóveis, por outro lado um mercado financeiro ávido por retornos altíssimos estava simplesmente desdenhando seu risco de crédito. Por isso, títulos ligados ao *subprime* estavam presentes nas carteiras de diversos bancos de investimentos pelo mundo — em alguns casos, com uma participação considerável no portfólio.

Quando a situação se tornou insustentável, diversas hipotecas deixaram de ser honradas, causando uma reação em cadeia que devastou a economia norte-americana, deixando milhões de desempregados e quebrando bancos, como o Lehman Brothers; seguradoras, como a AIG; e até mesmo companhias de outras indústrias, como a General Motors. Seus efeitos devastadores foram rapidamente contaminando todo o mercado financeiro e a economia mundial.

Logo se acreditou que a carência de educação financeira foi a principal causa para o uso inadequado de crédito, já que o estopim se deu justamente às voltas de uma população menos favorecida e menos instruída.

Atualmente, uma das mais respeitadas especialistas nesse tema é a doutora Annamaria Lusardi. Segundo ela, "pesquisas mostraram que pessoas com o maior conhecimento financeiro tendem a ter comportamentos mais favoráveis à sua segurança financeira e, eventualmente, mais favoráveis a seu bem-estar".

Porém, a educação financeira tem dois principais desafios. O primeiro é uma óbvia dificuldade em obter escala. Mesmo nos Estados Unidos, um mercado muito mais maduro do que o brasileiro, são pouquíssimas as pessoas que têm acesso à educação financeira para a aposentadoria, por exemplo, conforme descreve a própria Lusardi:

> "Embora o fornecimento de informações e a redução dos custos de planejamento possam desempenhar um papel importante na melhoria da segurança financeira de muitas famílias dos EUA, deve-se lembrar que apenas um pequeno número de trabalhadores, de 10% a 13%, participam de seminários de aposentadoria".

Tal comentário pode ser muito bem transposto para a realidade brasileira, em que a maioria da população não tem nem mesmo acesso a conceitos básicos de matemática.

Um exemplo recente da situação do Brasil é o resultado do Programa Internacional de Avaliação de Estudantes (Pisa) de 2016. O estudo, realizado pela Organização para a Cooperação e Desenvolvimento Econômico (OCDE) e aplicado em 72 países, constatou que 70% dos alunos brasileiros entre 15 e 16 anos não têm sequer o nível considerado básico de proficiência em matemática.

Em outra pesquisa da OCDE, realizada em trinta países — incluindo África do Sul, Malásia, Hong Kong (China), Coreia, Finlândia, Canadá, Portugal, Croácia, Reino Unido, Lituânia e mais —, descobriu-se que menos de 50% dos brasileiros atingiram a pontuação mínima em conhecimento financeiro. O estudo, chamado "International Survey of Adult Financial Literacy Competencies", demonstra que o Brasil está abaixo da média dos demais, que já é baixa (56%).

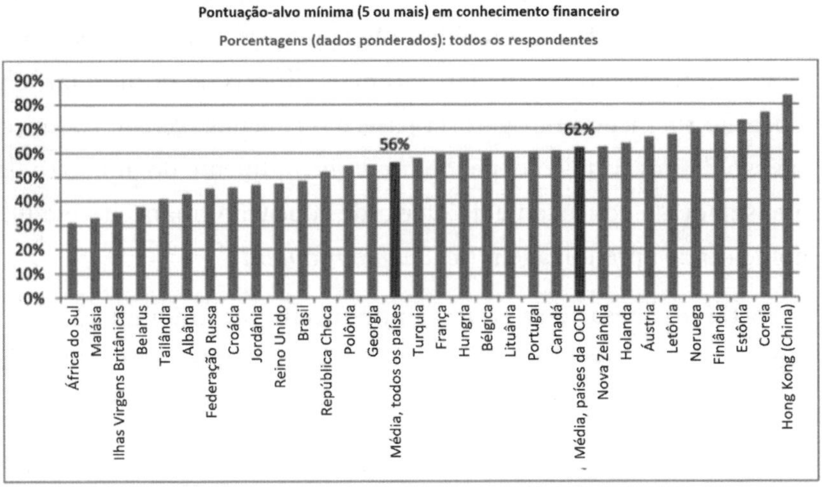

Notas: Média, todos os países e Média, países da OCDE informam a média das porcentagens do país/economia. Cada país/economia recebe portanto pesos iguais.

Figura 5 — Pontuação em Letramento Financeiro por país

Ou seja, o desafio de ganhos de escala da educação financeira no Brasil é colossal. Enquanto os jovens poderiam sair do ensino médio com algum conhecimento financeiro, hoje a realidade é que apenas 30% deles sabem matemática básica, e na população adulta, mais da metade não sabe conceitos simples de finanças que pode-

FINANÇAS COMPORTAMENTAIS E ARQUITETURA DE ESCOLHAS

riam ajudá-los a usar de maneira mais eficiente os serviços e produtos financeiros disponíveis.

O segundo desafio é a eficácia limitada da educação financeira.

É o que sugere o estudo "Does Financial Education impact financial literacy and financial behavior, and if so, when?", de Tim Kaiser e Lukas Menkhoff, que faz uma meta-análise de 126 artigos científicos sobre o assunto, concluindo que "a educação financeira afeta significativamente o comportamento financeiro e, em maior medida, a alfabetização financeira. [...]. No entanto, os impactos da intervenção são altamente heterogêneos: a educação financeira é menos eficaz para os clientes de baixa renda, bem como nas economias de renda baixa e média. Os comportamentos específicos, como o tratamento de dívidas, são mais difíceis de influenciar, e a educação financeira obrigatória parece ser menos efetiva. Assim, o sucesso da intervenção depende fundamentalmente do aumento da intensidade da educação e da oferta de educação financeira em um momento de aprendizagem (*teachable moment*)".

Portanto, apesar de a educação financeira ter sim um papel fundamental para melhorar a qualidade de vida dos indivíduos, ela sozinha tem abrangência e impacto bastante limitados.

Ao identificar tal limitação, finalmente compreendeu-se que a única forma de evitar situações extremas como a Crise de 2008 é combiná-la aos ***nudges*** (pequenas intervenções criadas com o uso de *insights* psicológicos) e à **arquitetura de escolhas** (processo estruturado de transformação de um contexto), para favorecer as boas decisões de pessoas vulneráveis.

Porém, também se reconheceu que o mercado financeiro potencializou os possíveis efeitos da inadimplência do *subprime*. Por isso, outros dois fatores também são considerados essenciais para garantir uma mudança positiva nas escolhas financeiras da sociedade: um mecanismo de **proteção ao consumidor**, para proteger os cidadãos de técnicas de persuasão usadas de maneira inadequada (*sludges*, nome criado em oposição aos *nudges*, que são por definição usados apenas para proporcionar bem-estar social), e também uma **regulação** que impeça exageros como os cometidos pelos bancos até 2008.

Portanto, atualmente, o uso das finanças comportamentais em políticas públicas se apoia em cinco pilares: (1) educação financeira, (2) arquitetura de escolhas, (3) *nudges* e outros *insights* psicológicos, (4) regulação e (5) defesa do consumidor.

Ou, como a professora Vera Rita de Mello Ferreira gosta de chamar, o "**quinteto fantástico**".

VIESES, HEURÍSTICAS E ERROS PREVISÍVEIS

Além dos inúmeros comportamentos financeiros que podem ser explicados por fatores históricos e sociais, há, ainda, toda uma gama de erros previsíveis, cometidos por grande parte dos homens e das mulheres, que são de conhecimento de psicólogos e economistas comportamentais.

Entre eles, as **heurísticas** são atalhos mentais que adotamos no momento de uma tomada de decisão, buscando diminuir nosso esforço cognitivo, mas que algumas vezes acabam sendo insuficientes para chegarmos a uma conclusão adequada.

Muitas vezes, substituímos inconscientemente o problema que queremos resolver por uma questão complementar e de mais fácil conclusão. Esse é o caso do **efeito halo**, que é a nossa propensão a julgar o todo por meio de uma única característica — por exemplo, acreditar que uma pessoa é mais confiável por ser bonita. Nesse caso, substituímos sem perceber a pergunta inicial, "Eu posso confiar nela?", por outra mais simples de responder: "Essa pessoa me atrai?"

FINANÇAS COMPORTAMENTAIS E ARQUITETURA DE ESCOLHAS

Já os **vieses** tendenciam nosso processo de decisão de maneira a tornar o resultado, até certo ponto, previsível. Isoladamente, não podemos determinar como será a escolha de um indivíduo, mas podemos prever como grandes grupos tendem a se comportar quando se deparam com tais influências. Por exemplo, conforme mencionado anteriormente, Kahneman e Tversky comprovaram estatisticamente que o sofrimento por uma perda é aproximadamente 2,2 vezes maior do que a alegria por um ganho de igual proporção.

Já que tocamos no assunto, vamos falar das principais heurísticas e vieses, começando pela...

Aversão a perdas

Sabemos que as perdas doem muito. Elas doem bem mais do que os ganhos trazem alegria. A economia experimental permitiu testar em laboratório esse viés e conseguiu mostrar que, de modo geral, a dor de uma perda só pode ser compensada pela alegria de um ganho duas vezes maior.

Uma dúvida que intriga muitos estudiosos das finanças comportamentais é: por que as pessoas assumem riscos, se as possíveis perdas podem machucar tanto? Ou seja, a simples antevisão das perdas deveria de alguma forma fazer com que as pessoas simplesmente não investissem em risco, mas não é isso o que observamos. Pelo contrário, vemos uma crescente parcela da população que quer investir na Bolsa. A resposta a esse ponto passa por um viés comportamental chamado de excesso de confiança, ou *overconfidence*.

Excesso de confiança

O excesso de confiança é um viés que faz com que as pessoas — e não apenas os investidores — se considerem de alguma forma superiores às outras e, portanto, merecedoras de um melhor tratamento por parte do destino ou, poeticamente, da Deusa da Fortuna.

Dessa forma, as pessoas superavaliam a própria capacidade de tomar decisões financeiras corretas e de encontrar oportunidades no mercado financeiro, tais como comprar ações ou outros ativos.

Em muitas circunstâncias da vida, essa característica também aparece: quando se pergunta a um grande auditório quem se considera melhor motorista do que a média, invariavelmente, perto de 80% das pessoas levantam a mão. Veja que, se o auditório é grande, deveríamos esperar que algo semelhante a 50% das pessoas se considerassem melhor do que a média, e que os outros 50% se considerassem abaixo. Essa diferença entre os 50% esperados e os 80% observados pode ser atribuída ao excesso de confiança.

Mas este viés caminha junto com outro, que acaba potencializando os efeitos do primeiro: o viés de confirmação.

Viés de confirmação

De forma geral, costumamos acreditar mais em dados, notícias e informações que confirmam nossa visão do mercado (e do mundo) e desconsiderar aqueles que vão contra o que pensamos. Por exemplo, ao ler um jornal no qual metade das notícias vai a favor de uma posição em que acreditamos e a outra metade vai contra, tendemos a acreditar que o jornal é muito mais positivo para a nossa visão do que negativo.

FINANÇAS COMPORTAMENTAIS E ARQUITETURA DE ESCOLHAS

Isso acontece pois, a cada notícia a favor, passam pela nossa mente algumas velhas frases como "Eu não disse?", "Eu sabia que era assim" ou "Está vendo?" Já as notícias contrárias passam mais despercebidas e ficam em segundo plano na nossa mente. Esse processo se dá por meio de uma **atenção seletiva** (damos mais importância às informações que nos agradam), somada a uma **retenção seletiva** desse conteúdo (guardamos na memória aquilo com que mais nos identificamos) e arrematada por uma **distorção seletiva** das memórias que serão geradas a partir do fato (podemos nos lembrar de algo de forma ligeiramente — ou absurdamente — diferente do que aconteceu na realidade).

Veja que a junção entre o excesso de confiança e o viés de confirmação é particularmente perigosa. O que acontece é que superestimamos nossa própria capacidade e achamos que o mundo tende a nos apoiar.

Uma prática muito saudável e que pode reduzir os efeitos negativos desses dois vieses é sempre pensar que existe a possibilidade de estarmos equivocados em nossas análises e posições. Seria conveniente questionar-se sempre sobre o que poderia acontecer de forma inesperada e o que complicaria nossos investimentos.

Vale também procurar ouvir pessoas que tenham formas diferentes de ver as coisas — quem sabe assim consigamos abrir os olhos e mudar de visão, caso estejamos equivocados. Ou, mesmo que continuemos com nossas posições, que seja de uma forma mais madura e consciente, avaliando prós e contras.

Ilusão de controle

Colada ao excesso de confiança e ao viés de confirmação está a ilusão de controle, uma crença indevida de que conseguimos de alguma maneira influenciar nos resultados de eventos futuros.

Ações como soprar dados ou apostar na loteria usando números com significados pessoais são exemplos anedóticos dessa ilusão, mas ela também se reflete em uma confiança infundada, sem embasamento sólido, de que um ativo irá se valorizar em um curto período apenas porque investimos nele.

Viés de autoatribuição

O par da ilusão de controle é a autoatribuição, uma tendência a atribuirmos a responsabilidade por um resultado positivo a nós mesmos, exclusivamente — o que se torna uma confirmação indevida de que temos um dom ou uma habilidade especial, quando muitas vezes a decisão foi, na verdade, fruto de uma orientação bem estruturada ou de análises de terceiros nas quais nos embasamos.

Esse viés pode desencadear uma bola de neve quando somado ao viés de confirmação e à ilusão de controle.

Viés de retrospecto ou percepção tardia

Se a ilusão de controle diz respeito a uma infundada visão de futuro, o viés de retrospecto é uma percepção infundada sobre o passado.

Ele ocorre quando, após vivenciarmos determinado evento, passamos a acreditar que o resultado acontecido era óbvio e fácil de determinar.

FINANÇAS COMPORTAMENTAIS E ARQUITETURA DE ESCOLHAS

Exemplos recentes são a explosão do surto de coronavírus, que provocou o fechamento das economias mundiais, e o *impeachment* da presidente Dilma Rousseff, no campo da política local.

Em ambos os eventos, o mercado financeiro experimentou uma crescente volatilidade em decorrência dos resultados incertos ao longo de todo o período em que os fatos foram se desenrolando. Porém, agora que os resultados são conhecidos, existe uma falsa impressão de que teria sido muito fácil posicionar a carteira de investimentos de forma a evitar os impactos financeiros ou até mesmo se beneficiar das circunstâncias.

Essa falsa percepção prejudica principalmente relações de confiança com profissionais especializados, pois o investidor pode questionar: "Como foi que meu assessor de investimentos não previu aquele cenário?"

Esse viés é também muito presente na medicina. Há muitos casos de processos contra médicos baseados na percepção de que uma morte ou uma sequela eram facilmente previsíveis em um momento anterior ao procedimento ou à cirurgia.

E fique atento! Muita gente confunde o viés de retrospecto com o efeito retrovisor, que veremos a seguir.

Efeito retrovisor

Uma forma de explicar as heurísticas é dizendo que, às vezes, nós substituímos uma dúvida complexa por uma questão mais fácil de responder. Nesse caso, certamente o efeito retrovisor é seu maior exemplo.

Quando queremos investir, nossa pergunta deveria ser: "Esse investimento terá um bom desempenho daqui em diante?"

Porém, a resposta exige o conhecimento de fatores múltiplos, incertos e, muitas vezes, desconhecidos — como potenciais eventos de cauda, por exemplo, a eclosão de uma crise econômica, o início de uma guerra etc.

Deparados com essas dificuldades, tendemos a, inconscientemente, substituir a questão inicial por outra, muito mais simples de auferir: "Esse investimento teve um bom desempenho até aqui?"

Ou seja, o efeito retrovisor nada mais é do que a tendência de projetarmos o resultado de um investimento no futuro simplesmente extrapolando sua rentabilidade em um passado recente.

E é assim que muitos investidores, tomados pela euforia, compram ativos em seu pior momento, logo depois de terem atingido altas seguidas, que naturalmente diminuirão o espaço para novas valorizações em comparação ao que seria o preço justo.

Efeito posse ou efeito de dotação

Quando falamos de decisões financeiras, o fato de um objeto ou investimento ser de propriedade do investidor não deveria influenciar em seu preço. No entanto, tendemos a atribuir mais valor para os bens que são nossos, em detrimento dos que não são.

Esse viés dificulta enormemente negociações (especialmente a venda) de investimentos que têm um valor emocional para o indivíduo, mesmo que racionalmente essa seja a melhor decisão. É o caso de investimentos recebidos, como herança de familiares queridos, por exemplo.

Mas o exemplo mais cotidiano e com o qual a maioria das pessoas se identifica é a compra ou venda de um carro, especialmente se for usado. Normalmente, o efeito posse nos faz avaliar um veículo que é nosso de forma muito mais generosa (acima da tabela FIPE, por exemplo) do que se esse mesmo carro fosse colocado à venda por algum anunciante.

Efeito de enquadramento (*framing effect*)

A forma como um problema é apresentado pode modificar a maneira como reagimos a ele. Do mesmo modo, a maneira como as opções são apresentadas em uma tomada de decisão também pode afetar nosso comportamento.

Um exemplo simples do efeito de enquadramento é a comparação entre duas alternativas:

Você prefere um iogurte "98% livre de gordura" ou um iogurte "com 2% de gordura"? Ou então, você prefere passar por uma cirurgia com 99% de chances de sucesso ou por outra com 1% de chance de morte?

Em ambos os casos, as opções são estatisticamente as mesmas, mas para a maioria das pessoas, um iogurte 98% livre de gordura e uma cirurgia com 99% de chances de sucesso parecem mais atraentes do que suas alternativas.

Quando lemos que algo é 98% livre de gordura, esse alimento nos soa muito saudável, enquanto saber que há 2% de gordura em um alimento faz parecer que ele é excessivamente gorduroso.

No caso da apresentação de problemas, outros exemplos corriqueiros são os testes relativos à aversão a perdas, que também contribuem para explicar por que há momentos em que aumentamos nossa propensão ao risco. É o caso dos dois jogos a seguir:

Vieses, heurísticas e erros previsíveis

Jogo 1	Jogo 2
Você não tem nada.	Você recebe R$1.000, mas condicionado a uma decisão.
Alguém lhe propõe uma escolha.	O que você prefere?
O que você prefere?	
Opção A	**Opção A**
Ganho certo de R$250.	Perda certa de R$750.
Opção B	**Opção B**
25% de chance de ganhar R$1.000 e 75% de chance de não ganhar nada.	75% de chance de perder R$1.000 e 25% de chance de não perder nada.

Não existem respostas certas para os jogos, mas a aversão a perdas faz a maioria das pessoas tender a escolher a **opção A do jogo 1** e a **opção B do jogo 2**, o que evidencia uma disposição à aversão ao risco em um ambiente de ganhos e uma busca por risco em uma situação de perdas.

Para comprovar esse fato, é importante perceber que as duas situações são financeiramente equivalentes, mas a forma como as perguntas foram apresentadas (enquadradas) muda sua percepção.

> **Vamos analisar a opção A.** No jogo 1, você não tem nada e recebe uma proposta na qual pode ficar com R$250, sem risco.

Já no jogo 2, você também começa sem nada, mas ganha R$1.00, e a partir desse momento já passa a sentir que ele é seu. É aí que está o truque: a perda certa de R$750 nada mais é do que o mesmo ganho de R$250 do primeiro jogo (lembre-se, você não tinha nada, portanto, se ganhasse R$1.000 e perdesse R$750, o resultado continuaria sendo um ganho de R$250).

> **Quanto à opção B**, no jogo 1 ela trata da probabilidade de 25% de você receber R$1.000. Essa probabilidade é equivalente aos mesmos 25% de chance de não perder R$1.000 na opção B do jogo 2. Ou seja, em ambos os casos, você tem 25% de chance de terminar o jogo com um ganho de R$1.000.

Da mesma forma, os 75% de chance de não ganhar nada no jogo 1 são equivalentes aos 75% de perder tudo no jogo 2 — e terminar os jogos exatamente da forma como os começou, sem nenhum prêmio.

Ou seja, se você é como a maioria das pessoas, passou duas vezes pela mesma dinâmica, mas a maneira como ela foi apresentada o fez ser **avesso ao risco no jogo 1**, que é um cenário de ganhos, e **tomador de riscos no jogo 2**, um cenário de perdas.

A disposição das informações pode influenciar muito nossa percepção a respeito dos benefícios de uma escolha ou de seus potenciais prejuízos, por isso o efeito de enquadramento é uma técnica com grande potencial de contribuir para a tomada de decisão ou de manipular as escolhas, se usada inadvertidamente.

Viés de ancoragem

Outro fator que com frequência influencia nossas decisões de comprar ou vender um ativo é o viés da ancoragem.

Em setembro de 2010, Martin mediou um painel de finanças comportamentais no 2º Seminário de Planejamento Financeiro Pessoal, durante o qual um dos palestrantes, **Aquiles Mosca**, aplicou um experimento sobre o tema.

Foram feitas aos participantes duas perguntas não correlacionadas. A primeira era o número da residência onde a pessoa morava e a segunda era quantos países compõem a ONU.[1]

A princípio, não deveria haver nenhuma relação entre as duas respostas, mas não foi isso que aconteceu. As respostas foram digitadas e depois classificadas em ordem crescente de número de residência. E, pasmem, a quantidade média de países da ONU estimada por pessoas cujos números de residência eram acima da mediana foi 80% maior do que a estimativa feita por pessoas com número de residência abaixo da mediana. Veja que, por serem dados não correlacionados, o esperado seria que as duas médias a respeito dos países da ONU fossem ao menos bem parecidas.

Outro exemplo muito interessante foi o estudo conduzido por Dan Ariely em conjunto com Drazen Prelec e George Loewenstein (2003), em que estudantes do MIT (Massachusetts Institute of Technology) e também executivos em visita à instituição eram convidados a fazer ofertas de compra sobre diversos itens, como garrafas de vinho, caixas de chocolate e eletrônicos. A ancoragem estava em pedir que os participantes, antes de darem um lance, preenchessem os dois últimos dígitos de seu *Security Social Card* (equivalente ao CPF, no Brasil) na folha. Ocorre que a correlação entre os lances e os dígitos escritos foi muito alta, chegando a haver diferenças de até 346% entre os lances com "âncoras" altas e aqueles com "âncoras" baixas.

Evidentemente, nenhum dos participantes adotou intencionalmente o número do *Security Social Card* como referência para suas estimativas, mas o simples fato de terem pensado nele antes da tomada de decisão influenciou sua forma rápida de pensar.

---

[1] Esta é para os curiosos: a ONU conta com 192 países-membros (fonte: site ONU).

FINANÇAS COMPORTAMENTAIS E ARQUITETURA DE ESCOLHAS

O que acontece é que nossa mente guarda certas informações, que passam indevidamente a influenciar decisões não ligadas a elas. Ou seja, a mente às vezes fica ancorada a informações passadas.

Algumas informações são típicas influenciadoras do comportamento no mercado acionário e, lamentavelmente, acabam funcionando como âncoras naturais. Tratam-se dos preços máximos e mínimos atingidos por determinada ação e do preço pelo qual o investidor comprou suas ações. O investidor fica com esses preços gravados na mente, e suas decisões passam a ser influenciadas por eles.

Surgem, então, as típicas frases: "Quando a ação voltar ao preço pelo qual eu comprei, venderei", ou "Assim que a ação voltar ao preço máximo...", ou ainda "Quando bater aquele preço mínimo...".

É sempre conveniente que as decisões sejam tomadas pelas perspectivas futuras da ação, e não por acontecimentos ou cotações passadas.

Um tipo especial de ancoragem está ligado ao arrependimento por não ter comprado algo antes. Este aparece sempre que é detectada uma possibilidade de compra de uma ação, mas antes da transação a ação começa a valorizar de forma significativa. O investidor fica com a sensação de que a oportunidade foi perdida, o que nem sempre é verdade. Às vezes perdeu-se apenas parte da valorização, e não toda ela.

Mais uma vez: o que deve determinar se ainda vale a compra ou não são as perspectivas de valorização futura da ação, e não o que aconteceu no passado.

Heurística de disponibilidade

Da maneira como foi constituído desde os primórdios, nosso cérebro não foi adaptado para lidar com problemas numéricos, estatísticos e financeiros. O cérebro reptiliano, a base do sistema 1, foi preparado para lidar com as ameaças à vida na natureza. Por isso ele é capaz de reagir muito rapidamente à presença de uma onça à espreita e consegue também relaxar quando não há onça, mesmo que fique atento para não ser surpreendido. Porém, nosso cérebro primitivo não foi construído para lidar com 87% de "probabilidade de onça".

Não temos capacidade de fazer boas avaliações numéricas sem ativarmos nosso sistema 2 e nos debruçarmos sobre os cálculos. Kahneman e Tversky inclusive estudaram o tema para comprovar que até mesmo estatísticos treinados e bem capacitados sofrem dos mesmos erros sistemáticos de distorção de probabilidades.

É por isso que somos muito predispostos à heurística de disponibilidade, que é o efeito de atribuir uma maior ou menor probabilidade a um acontecimento de acordo com a facilidade com que ele nos vem à memória.

Isso é muito comum quando um tema é muito reforçado pela mídia, causando a falsa impressão de que ele é mais frequente do que realmente é.

Por exemplo, é normal que, após um acidente aéreo (uma chance em 773 mil, nos Estados Unidos, em 2014), muitas pessoas optem por viajar de carro, o que é mais de dez vezes mais arriscado (uma chance a cada 50,8 mil de sofrer um acidente fatal).

Outro exemplo atual são os atentados terroristas, que, por sua alta exposição na mídia, parecem muito mais frequentes do que realmente são. A probabilidade de se morrer em um ataque desse tipo é de uma em 3,8 milhões, mas talvez pareça mais provável para a maioria das pessoas do que morrer em um acidente aéreo.

Outros erros com números, contabilidade mental e *"pain of paying"*

Também cometemos muitos erros de julgamento quando se trata da contabilização de dinheiro, a chamada contabilidade mental. Por exemplo, Thomas, Simon e Kadiyali (2010) estudaram o julgamento sobre preços de imóveis e descobriram que preços precisos, como £395.425, costumam soar mais baratos do que preços arredondados, como £395 mil.

Thomas e Morwitz (2005) também demonstraram que tendemos a sobreavaliar diferenças pequenas de preço (por exemplo, 99 centavos em comparação com R$1), especialmente quando o número de referência se destaca de alguma maneira. Ou seja, um item a R$9,99 traz a sensação de ser muito mais barato do que se custasse R$10. Essas falhas de julgamento são chamadas de "efeito do dígito à esquerda", ou *left digit effect*. Porém, eles explicam que isso não ocorre em qualquer caso: "Os preços de finais nove serão percebidos como menores do que um preço um cêntimo maior se o dígito à esquerda mudar para um nível mais baixo (por exemplo, de US$3,00 para US$ 2,99), mas não se o dígito à esquerda permanecer inalterado (por exemplo, US$3,60 para US$ 3,59)".

Kahneman, em seu livro *Rápido e devagar: duas formas de pensar*, descreve outra situação em que somos induzidos a erros de julgamento na esfera financeira. Dois grupos foram questionados se estariam dispostos a se deslocar a pé para uma loja a vinte minutos de distância para obter um desconto de US$5 na compra de uma calculadora.

Porém, para o primeiro grupo, tratava-se de uma compra combinada de uma jaqueta por US$125 e uma calculadora por US$15, enquanto no segundo grupo a calculadora custaria US$125 e a jaqueta, US$15.

Ou seja, apesar de a vantagem sempre ser de US$5 em uma compra que totalizaria US$140, no primeiro caso apresentava-se um desconto de US$5 em uma calculadora que custava US$15 e, no segundo, os mesmos US$5 sobre uma calculadora que custaria US$125.

O resultado é significativo: enquanto 68% aceitariam se deslocar para pagar US$10 em uma calculadora que valia US$15, apenas 29% buscariam a calculadora por US$120. Ou seja, nós não calculamos o benefício financeiro de maneira absoluta, mas sim em relação a um referencial. Enquanto no primeiro caso se tratava de um desconto de um terço do valor proposto para a calculadora, no segundo caso, o impacto sobre o preço era muito pequeno, fazendo parecer que não valia o esforço de deslocamento.

Shampanier, Mazar e Ariely (2007) também descrevem uma situação em que somos induzidos a pensar de forma diferente sobre uma vantagem financeira dependendo da forma como ela é demonstrada. O efeito do **preço zero**, ou *zero price effect*, demonstra que os benefícios percebidos em mudanças nos custos não são lineares e, por isso, uma redução de preço de US$0,14 para zero é mais poderosa e atrativa do que uma redução de US$0,15 para US$0,01.

Por outro lado, um estudo proposto pelo Google com usuários do serviço de AdWords demonstrou que o pagamento tem um forte efeito sobre o engajamento.

FINANÇAS COMPORTAMENTAIS E ARQUITETURA DE ESCOLHAS

A companhia realizou duas ofertas. Na primeira, ofereceu de graça o serviço do AdWords, que custaria US$75. Na segunda, o cliente pagaria US$25 por um serviço oferecido, a princípio, por US$100. Em ambos os casos, o valor do desconto era o mesmo.

Como previsto pelo *zero cost effect*, a conversão da primeira oferta foi maior do que a da segunda, porém, a retenção não. O público não pagante foi menos disposto a dar continuidade do que o outro grupo, que se mostrou mais engajado, passou mais tempo na ferramenta e se esforçou mais, sendo mais bem-sucedido em seu uso.

Ariely sugere que o ato de pagar por algo e o prazer de usufruí-lo estão intimamente relacionados — é o que ele chama de *"the pain of paying"* ("a dor de pagar"). Quanto mais percebemos que estamos pagando por algo, menos satisfação sentimos, mesmo que haja benefício financeiro. Por isso, há mais prazer em fazer compras com cartões de crédito do que em dinheiro físico.

Outro estudo que fala sobre o sofrimento ao realizar pagamentos foi conduzido por Priya Raghubir e Joydeep Srivastava, que identificaram que pessoas que fazem compras com notas maiores se sentem menos satisfeitas após a compra do que quem usa notas de valor menor (por exemplo, uma pessoa que usa uma nota de US$20 em comparação com alguém que usa vinte notas de US$1).

Essas informações são bastante relevantes porque permitem planejar um desenho de contexto com mais ou menos atrito durante o pagamento, dependendo do comportamento que deve ser estimulado.

Por exemplo, para evitar compras por impulso, a dor do pagamento deveria ser evidenciada, enquanto para estimular uma boa aquisição ou, por exemplo, facilitar o hábito de poupar, o processo de compra deveria ser sutil e passar quase despercebido.

Falsa percepção de aleatoriedade

A falsa percepção de aleatoriedade é outro viés que afeta muitos investidores, principalmente os menos experientes. É uma busca por padrões ou sequências que, na maioria das vezes, são apenas obra do acaso. Aqueles que estão sujeitos a esse tipo viés pensam, por exemplo, que dezembro é um bom mês de compra, pois a Bolsa sempre valoriza nesse período. Mas o que quer dizer "sempre"? Os últimos cinco anos? Ou pensam que, sempre que há uma oferta pública inicial (IPO), a ação que está sendo lançada valoriza mais de 5% no próprio dia.

São tantas as possibilidades que fica difícil enumerá-las à exaustão, entretanto, deixo aqui um conselho: cuidado ao buscar padrões onde só existe o acaso, a aleatoriedade.

Viés de recência

A maneira como decidimos muitas vezes é influenciada pelo fato de termos sido expostos a uma determinada informação há pouco tempo. Assim, podemos eventualmente escolher um ativo financeiro simplesmente porque ele foi mencionado recentemente, e não necessariamente pela sua qualidade ou pelo seu potencial de retorno.

Um exemplo bastante recente é a descoberta de que as menções no Twitter explicam mudanças no mercado de Bitcoin de diversas maneiras, como o retorno, a volatilidade e a liquidez, por exemplo, e que o Google Trends também é uma boa fonte de predição para o comportamento da criptomoeda.

Viés de saliência

Além da recência, o destaque (ou a saliência) que uma informação recebe pode influenciar a maneira como decidimos ou avaliamos as probabilidades de determinado evento.

Por exemplo, apesar de ser extremamente seguro, o medo de voar de avião é muito mais frequente do que o medo de viajar de carro. Isso porque os acidentes de avião recebem muito mais atenção da mídia e geram mais comoção do que os de carro.

Heurística da representatividade

E quando o "destaque" de uma situação não está no ambiente externo, mas em nossas memórias?

Aí temos a heurística da representatividade, nossa tendência a atribuir o resultado de uma vivência antiga a uma nova experiência e, assim, chegar a conclusões sem uma análise completa.

Ou seja, tendemos a prejulgar uma situação atual com base em experiências similares passadas, mesmo que aquela situação específica não reflita tipicamente aquela em que nos encontramos agora.

Por exemplo, se um investidor teve uma experiência traumática com ações, mesmo que por uma circunstância específica (como concentrar demais os investimentos, avaliar mal o ativo, ter excesso de otimismo etc.), ele pode evitar sob qualquer circunstância o mercado acionário, pois aprendeu, incorretamente, que investir em ações é prejudicial.

Essa heurística é a base para nossos preconceitos e pode desfavorecer enormemente uma avaliação adequada dos ativos financeiros.

Viés de afinidade e viés doméstico

E, por falar em preconceitos, o **viés de afinidade** é aquele que pode inclusive provocar grandes injustiças sociais.

Temos uma tendência natural a nos afeiçoarmos àquilo que se parece conosco. Em ambientes como o mercado de trabalho, cada vez mais empresas engajadas socialmente tentam estabelecer processos seletivos em que os currículos já não trazem informações pessoais como idade, gênero e raça de candidatos e candidatas, evitando que a seleção seja enviesada. Outra ação efetiva tem sido aumentar a diversidade dos selecionadores durante os painéis, permitindo uma visão mais ampla e menos direcionada sobre os atributos que formam um bom candidato.

Já no ramo de investimentos, há uma propensão a sentirmos conforto em investir em empresas de nosso país (**viés doméstico**) ou de ramos de atuação com os quais já somos familiarizados, o que pode provocar falhas severas de diversificação de portfólio.

Aversão ao arrependimento e viés do status quo

A famosa frase "Me arrependo só do que não fiz" é, na verdade, uma grande falácia. Na realidade, tomar uma decisão e errar costuma ser mais doloroso do que não fazer nada e, por isso, também errar.

Por exemplo, ao trocarmos de fila no supermercado ou de faixa durante um engarrafamento, ao abandonarmos um emprego ou terminarmos um relacionamento, nosso sofrimento por causa de um resultado negativo é intensificado em relação à frustração de permanecermos naquela situação inicial, mesmo que incômoda.

FINANÇAS COMPORTAMENTAIS E ARQUITETURA DE ESCOLHAS

Como o arrependimento por ações que tomamos tende a ser maior do que o arrependimento quando nos omitimos, acabamos criando um tipo de bloqueio e preferimos não agir. Em outras palavras: quando trocamos uma ação no nosso portfólio e essa ação não vai bem (digamos que as cotações caem), temos uma sensação de arrependimento que é bem maior do que se não tivéssemos tomado a decisão de trocar a ação, mesmo que as consequências financeiras tivessem sido as mesmas.

Essa inação pode ser também oriunda do **viés de status quo**, quando optamos por não executar nenhuma ação, tendendo a permanecer com as mesmas posições e estratégias já adotadas anteriormente.

Isso não quer dizer que devamos sempre realizar decisões de compra ou venda no mercado; entretanto, é importante que boas oportunidades não deixem de ser tomadas por puro medo do arrependimento.

Peer effects e influência social

Em geral, nós agimos por comparação. A influência do grupo em nosso comportamento é muito forte e pode ser utilizada para direcionar nossas decisões.

Portanto, não é à toa que os sistemas de ofertas de diversas redes varejistas online se utilizam de um recurso que nos informa o que pessoas com comportamento similar ao nosso estão comprando.

A influência social molda a sociedade como a conhecemos. É o que evidencia o experimento conduzido por Salganik (2006), no qual um site popular de música foi usado para criar um mercado cultural artificial com mais de 14 mil participantes.

Parte dos pesquisados foi incluída em um grupo de controle, sem influência social. Para estes, era solicitada a escolha entre 48 músicas distribuídas de forma aleatória, buscando não haver influência da disposição das informações na escolha dos usuários.

Os demais usuários foram divididos em oito grupos distintos, nos quais o consumo de música evoluía conforme o comportamento dos participantes. Para esses grupos, a contagem de downloads era exibida.

Dois efeitos interessantes foram observados: o primeiro é que, nos grupos em que a contagem de downloads era exibida, músicas que receberam classificações médias mais altas (medidas em estrelas) tiveram maior probabilidade de serem baixadas para o computador após o usuário ouvi-la. O segundo efeito foi que as músicas que fizeram sucesso em cada um dos oito grupos foram completamente aleatórias; não houve um padrão de sucesso.

Isso demonstra que, pelo menos em parte, a aleatoriedade pode ter grande efeito sobre quem são nossos grandes ídolos e sobre as tendências que seguimos.

Porém, apesar de o sucesso ser algo imprevisível, a **influência social** determina intensamente quais serão nossos gostos, nossas escolhas e nossos comportamentos, tornando-se, assim, um forte *nudge*.

Ariely demonstra o poder da pressão social citando um estudo de Sumit Agarwal, Vyacheslav Mikhed e Barry Scholnick. Os economistas avaliaram as mudanças na vida de vizinhos de ganhadores da loteria.

O que se descobriu foi que os vizinhos dos afortunados tendem a comprar mais carros e bens visíveis. Por outro lado, não houve aumento de poupança ou de outros itens que não ficassem visíveis.

FINANÇAS COMPORTAMENTAIS E ARQUITETURA DE ESCOLHAS

"Tristemente, aqueles que vivem próximos a ganhadores da loteria são mais propensos a sofrer problemas financeiros e até mesmo irem à falência", diz Ariely.

A influência social é uma força sutil, mas que determina tudo o que consumimos, do que gostamos e desgostamos e até mesmo como conduzimos nossa vida financeira, para o bem ou para o mal.

Priming

Falando sobre formas sutis de influenciar o comportamento, o *priming* é talvez a maior delas.

A psicologia define *priming* como a maneira como nossa memória se relaciona com a percepção de palavras e objetos, ativando representações particulares ou associações na memória antes de realizar uma ação ou tarefa.

Por exemplo, na palavra a seguir, há um campo em branco onde falta uma letra. Você é capaz de dizer qual é a palavra em apenas um chute?

B O _ A

Possivelmente, você pensou em "bola", e talvez não tenha notado que as palavras "campo" e "chute" no parágrafo anterior podem ter influenciado sua forma rápida de pensar.

Se o texto dissesse que quem acertar vai ganhar um beijo, possivelmente a associação mais rápida seria com a palavra "boca".

Esse efeito de associação entre palavras, imagens e outros estímulos, como sons, cores e formas, entre outros, pode gerar fortes influências comportamentais, mesmo quando não notamos conscientemente a informação ou quando ela não faz parte da decisão que precisamos tomar.

Um estudo conduzido por John A. Bargh (1996) se tornou famoso por demonstrar que trazer associações que lembrem estereótipos faz com que nos comportemos de acordo com as características do grupo estereotipado, conforme o próprio autor explica:

> "O Experimento 1 mostrou que os participantes que foram estimulados por priming com conceito de grosseria interromperam o experimentador com mais rapidez e frequência do que os participantes estimulados com conceitos de polidez. No Experimento 2, os participantes para os quais um estereótipo idoso foi reforçado por priming caminharam mais devagar pelo corredor ao deixar o experimento do que os participantes do grupo de controle [...]."

Figura 6 — Libras pagas por litro de leite consumido sob efeito de *Priming*

Outro exemplo, mencionado por Kahneman no livro *Rápido e devagar*, mostra os resultados de uma intervenção realizada em uma empresa onde o leite, servido em uma máquina, sempre foi gratuito, com a sugestão de os funcionários darem pequenas doações para manter o serviço.

No estudo, a cada semana, uma imagem era colocada próxima à máquina. Primeiro, uma flor. Na semana seguinte, um par de olhos. Depois, outra flor.

O resultado é incrível. A sensação de estarem sendo vigiados fez com que os consumidores fossem muito mais propensos a doar dinheiro nas semanas em que os quadros de flor eram substituídos pelas imagens de olhares. Apesar de em momento nenhum o reforço sobre as doações ter sido aumentado, ou de haver relação direta entre a imagem e a máquina de leite, o comportamento mudou conforme a imagem.

Existem ainda alguns *primings* que não são nada intuitivos. Por exemplo, será que o simples contato com dinheiro pode mudar nossa atitude?

O psicólogo Peter Naish conduziu alguns experimentos com dois grupos. Ambos realizaram as mesmas duas atividades: contar uma determinada quantidade de papel e avaliar grupos de palavras. Porém, enquanto no grupo de controle não havia associação nenhuma com dinheiro, no segundo grupo o papel era substituído por dinheiro, e as palavras continham termos associados a ele. O teste a respeito do *priming* viria a partir de então, sem conhecimento dos participantes.

Descobriram-se três efeitos do *priming* com dinheiro: quem estava sob seu efeito consumiu mais doces que o grupo de controle, foi menos solícito e também mais resistente à dor.

A primeira tarefa após o *priming* era avaliar a qualidade de algumas balas. Enquanto o grupo de controle só consumiu doces o suficiente para chegar a um diagnóstico, aqueles sob o *priming* com dinheiro continuaram comendo ao longo de toda a atividade, mesmo após já terem chegado a um resultado.

Depois, saindo da sala, uma colaboradora do experimento, disfarçada, derrubava uma grande pilha de papéis perto dos participantes. Aqueles que não estavam sob o efeito do *priming* foram muito mais propensos a ajudá-la, enquanto muitos que haviam sido expostos ao dinheiro simplesmente continuaram andando após notar o deslize da moça.

Por último, em um teste de resistência física, pediu-se que os participantes colocassem as mãos dentro de um recipiente com gelo. Mais uma vez, houve diferença entre os grupos: aqueles sob o *priming* com dinheiro mostraram mais resistência do que aqueles sem a influência.

Naish credita as mudanças de comportamento às características subjetivas do dinheiro, como, por exemplo, ele ser uma expressão de capacidade de recursos, o que nos primórdios da humanidade era traduzido em disponibilidade de alimentos, e, assim, poderia justificar o consumo excessivo dos doces na primeira tarefa.

Por outro lado, a sensação de independência gerada pelo dinheiro poderia justificar a falta de proatividade no encontro com a atrapalhada colaboradora. Naish acredita que o fato de se sentirem mais autossuficientes poderia fazer com que os participantes julgassem que a moça poderia resolver sozinha a situação com seus papéis.

Por último, a associação do dinheiro ao poder poderia justificar por que os participantes sob o *priming* foram capazes de resistir mais à dor.

No sentido oposto, Susan Krauss Whitbourne (2012) descreve um *priming* para estimular o altruísmo usando uma citação de George Sand. A frase "*A good turn never goes amiss*" (algo como "uma boa ação nunca dá errado") era impressa no final da conta de um restaurante. O resultado novamente é significativo:

"Conforme previsto, os clientes na condição de *priming* altruísta foram significativamente mais propensos a deixar uma gorjeta; na verdade, cerca de duas vezes mais deixaram uma gorjeta do que nas condições neutras ou sem citações. Eles também deixaram gorjetas que eram de vinte a cinquenta centavos de euros maiores do que os clientes que não tinham o *priming* altruísta em sua conta. Embora seja uma pequena quantidade, claramente, ao longo de um dia, semana ou ano, esses valores se somariam substancialmente."

Ou seja, quando cria um desenho de contexto, o arquiteto de escolhas deve ser cauteloso também ao selecionar os itens que comporão o ambiente, pois mesmo detalhes pequenos podem alterar significativamente a forma de decidir dos participantes e usuários.

Cabe ressaltar que, recentemente, muitos dos estudos de *priming* realizados ao longo das últimas décadas têm sido colocados em xeque, pela dificuldade de outros pesquisadores de atingirem os mesmos resultados. Se para estudar os outros vieses e heurísticas já se deve ter cuidado para evitar que fatores externos influenciem indevidamente o resultado, no caso do *priming* isso é virtualmente impossível. Questões culturais, sociais, regionais e de qualquer outro tipo podem ter uma influência decisiva no resultado desses testes.

Um recado final sobre vieses, heurísticas e boas decisões

Para ser bem-sucedido com os investimentos, é preciso entender que nossa mente tem vieses que dificultam a tomada correta de decisão. Nossa mente não costuma ser uma boa conselheira, pois as emoções tendem a aflorar em momentos indevidos. A certeza vem quando devíamos ter dúvidas (e vice-versa); a ganância, quando devíamos "realizar lucros"; o medo, quando devíamos começar a comprar.

O ponto é que os vieses são ativados no sistema 1, ou seja, automaticamente. É importante então que o investidor saiba que esses tipos de emoções aparecerão. Devemos monitorá-las e tentar acionar o sistema 2 — quem sabe fazer uma espécie de *checklist* — e, quando então aparecerem, tentar submetê-las à racionalidade, pois só assim é possível extrair os melhores resultados dos investimentos. Ou seja, sabendo que virão, devemos nos proteger contra elas, para que possamos atingir nossos objetivos.

Esse mesmo espírito deve ser adotado quando estamos construindo o contexto em que as decisões de outras pessoas serão tomadas. Devemos esperar que os vieses e as heurísticas transpareçam e ajudar aqueles que estão sob nossa responsabilidade a se protegerem, para que atinjam seus próprios objetivos.

CAPÍTULO 5

FINANÇAS COMPORTAMENTAIS E PLANEJAMENTO FINANCEIRO PESSOAL

O planejamento financeiro pessoal sempre esteve muito ligado às finanças comportamentais, pois ambas as matérias envolvem as necessidades dos indivíduos, e estas, por sua vez, estão sujeitas aos erros de avaliação que discutimos no capítulo anterior.

Vamos gastar um tempo com as finanças pessoais. A maior parte do conteúdo de planejamento financeiro nos Estados Unidos surgiu logo após a Grande Depressão dos anos 1930.

Sempre houve uma dúvida no ar sobre o real valor do planejamento financeiro pessoal. Muitos dizem, até hoje, que ele não passa de um conjunto de regras, nem sempre com valor comprovado; outros comparam as finanças pessoais a conceitos de autoajuda etc. Fato é que elas sempre foram percebidas como uma matéria menos nobre do que outras, como as finanças corporativas, por exemplo. Entretanto, a questão do valor do planejamento financeiro pessoal foi resolvida por um estudo feito e publicado em 2013 por uma empresa de serviços financeiros dos Estados Unidos chamada Morningstar, presente também no Brasil.

A Morningstar desenvolveu o artigo chamado "Alfa, beta, e agora... gama", no qual foi medido, para os Estados Unidos, o real valor de um planejamento financeiro pessoal bem-feito. A letra grega gama se refere ao valor agregado pelo planejamento.

Em primeiro lugar, vamos relembrar os conceitos de alfa e beta, dado que o estudo coloca o gama como um gerador de resultados do mesmo nível de importância que os dois primeiros.

O alfa se refere à capacidade de um gestor de investimentos de gerar resultados no mercado financeiro que sejam superiores àqueles esperados para o nível de risco assumido. Por exemplo, um gestor de ações superar o mercado (normalmente acompanhado por um índice, como o Ibovespa ou o S&P500) de maneira consistente.

Isso só pode ser feito se o gestor tiver uma habilidade acima da média do mercado. As fontes de geração de alfa são a capacidade analítica, a visão de mercado e até a intuição, desde que entendamos esta como a capacidade gerada por anos de conhecimento e experiência, que permitem a alguém chegar a uma conclusão muito antes dos outros.

O beta, por sua vez, se refere ao nível de retorno obtido pelo simples fato de estar exposto ao risco de mercado. Por exemplo, ao investir em um índice passivo, como o Ibovespa ou o S&P500, o investidor obterá um resultado que refletirá, de certa forma, a média daquele mercado.

Já o gama, conforme mencionamos, refere-se ao ganho adicional gerado por um planejamento financeiro pessoal bem executado.

É importante destacar que a hipótese do mercado eficiente prega que o alfa na média é igual a zero, já que os movimentos de valorização e desvalorização dos ativos são aleatórios (ver Capítulo 2). Por outro lado, o beta é um resultado obtido de forma meramente passiva. Assim sendo, o gama é, pelo menos segundo esse estudo, o componente mais importante do resultado obtido por um investidor pessoa física.

Mas como é gerado o gama?

Segundo o estudo, o gama é gerado por alguns componentes, sendo que o principal é o aspecto ligado à otimização fiscal, por meio da utilização de investimentos isentos ou de algum outro tipo de benefício tributário.

O segundo ponto mais importante está ligado à necessidade de levar em consideração não apenas o capital financeiro na hora de alocar os recursos, mas também o capital humano, que, conforme a definição de Modigliani em seu estudo de ciclo de vida, é o valor presente das rendas futuras decorrentes do trabalho.

O terceiro fator está ligado ao conceito de *asset and liability management* (ALM), isto é, levar em consideração, além dos ativos, os passivos do investidor — ou seja, suas dívidas e aquelas despesas decorrentes da necessidade de financiamento de seu custo de vida durante a aposentadoria, por exemplo.

No fim das contas, o valor adicional estimado pelo estudo para o gama é de 1,82% ao ano em um portfólio de investimentos, o que, no longo prazo, em função da capitalização composta, traz um enorme benefício para a capacidade de consumo na aposentadoria. Apenas como exemplificação, se mantidos por quinze anos, os recursos remunerados a 1,82% ao ano gerarão um retorno adicional de 31%, o que implica em 31% a mais de consumo.

FINANÇAS COMPORTAMENTAIS E ARQUITETURA DE ESCOLHAS

Esse estudo foi feito para o mercado norte-americano, mas, ao tentar replicá-lo para o Brasil, percebe-se que a relevância dos fatores na geração do gama se repete. Os pontos fiscais são fortes e as questões ligadas ao capital humano e à consideração dos passivos também permitem uma melhor seleção do portfólio.

A questão que surge é: como podemos extrair o máximo possível de gama dos investimentos? É aí que as finanças comportamentais entram e que o papel de uma figura bastante conhecida nos Estados Unidos, mas ainda em crescimento no Brasil, ganha destaque: o **planejador financeiro pessoal**.

Do lado das finanças comportamentais, já falamos dos vieses que atrapalham o investidor; citamos o *behavioral gap* e como tentar mitigá-lo.

Até agora, porém, não tínhamos falado dos planejadores financeiros, que, por sua vez, podem ter uma importância fundamental não só na hora de recomendar investimentos a clientes, mas também na hora de saber decidir em que momentos os vieses comportamentais estão atrapalhando e impedindo o total aproveitamento do gama.

Existe no Brasil, assim como em diversos outros países, a certificação CFP (*certified financial planner*), que denota a qualificação de um planejador ou uma planejadora financeira, conforme metodologia internacionalmente aceita.

Michael Pompian e quando moderar os vieses ou adaptar a recomendação

Michael Pompian, que já mencionamos no Capítulo 1, acredita que quando um planejador financeiro faz uma recomendação de investimentos a um ou uma cliente, só há duas respostas possíveis por parte dos investidores: ou eles se sentem confortáveis e aceitam a recomendação, ou não a aceitam.

Caso não a aceitem, os planejadores ou planejadoras têm dois caminhos a seguir: modificar sua sugestão, adaptando-a para torná-la mais confortável para aquele ou aquela cliente, ou tentar argumentar para que os investidores moderem seus próprios comportamentos e aceitem a recomendação.

Segundo Pompian, existem duas dimensões que devem ser analisadas para saber se devemos adaptar a recomendação ou moderar os vieses dos investidores ou investidoras.

O que deve ser analisado está ligado, em primeiro lugar, ao nível de riqueza (e, consequentemente, à segurança financeira) e, em segundo lugar, aos tipos de vieses aos quais aquele investidor ou aquela investidora estão sujeitos.

Vamos analisar, em primeiro lugar, a questão do nível de riqueza.

Como a recomendação é feita de forma otimizada — seguindo, por exemplo, o modelo de média variância de Markowitz —, ela tende a ser uma solução ótima para o investidor. Pessoas com menor nível de riqueza — que são, portanto, mais dependentes dos recursos poupados — têm mais necessidade de seguir à risca o modelo otimizado, pois este lhes trará mais benefícios no futuro, sem comprometer sua qualidade de vida. Já o investidor ou investidora que tem mais recursos — e que, portanto, tem garantido seu padrão de vida e seus objetivos financeiros — estaria menos dependente de uma solução otimizada.

Assim sendo, segundo Michael Pompian, o planejador financeiro deveria tentar argumentar com quem tem menor nível de riqueza (com maior risco à segurança financeira) para que siga a recomendação. Dessa forma, a postura adotada pelo planejador ou pela planejadora seria a de tentar **moderar**. Já com os investidores de maior nível de riqueza (com menor risco à segurança financeira), segundo Michael Pompian, não haveria problemas em **adaptar** a recomendação, de forma a torná-la mais próxima do nível de conforto do investidor.

O que fazer quando os vieses são emocionais? E quando são cognitivos?

Vamos agora analisar a questão dos vieses, que, segundo Michael Pompian, podem ser agrupados em dois tipos centrais. Alguns são mais ligados à razão, e podemos então chamá-los de **vieses cognitivos**, enquanto outros são mais ligados à emoção, e, assim, faz mais sentido chamá-los de **vieses emocionais**.

Podemos citar a **ancoragem** (nossa tendência de ficar sob a influência de números avaliados anteriormente) e o **viés de confirmação** (a propensão a darmos mais atenção a informações que confirmem nossa opinião) como exemplos de vieses cognitivos.

Já a **aversão a perdas** (dar mais valor às perdas que aos ganhos, induzindo a uma realização precipitada de lucros ou à possibilidade de correr riscos infundados para reparar prejuízos) e o **efeito posse** ou **efeito dotação** (tendência a darmos mais valor àquilo que é de nossa propriedade) podem ser considerados vieses emocionais.

Michael Pompian afirma que vieses cognitivos são passíveis de diálogo, argumentação e mudança, pelo simples fato de estarem ligados à razão e à percepção. Já os vieses emocionais não são passíveis de conversa e não conseguem ser mudados por argumentos racionais, pelo fato óbvio de estarem vinculados a emoções.

Sendo ainda mais direto, Pompian argumenta que é possível explicar para o investidor ou a investidora que a ancoragem está atrapalhando sua decisão, mas não conseguimos, com argumentação, modificar a natureza dos sentimentos decorrentes de uma perda financeira em quem há a aversão a perdas exacerbada.

Além do efeito posse e da aversão a perdas, são exemplos de vieses emocionais a **aversão ao arrependimento** (receio tão grande de se arrepender de uma decisão a ponto de paralisar), o **viés de status quo** (tendência a permanecermos em uma situação já conhecida e confortável) e o **excesso de confiança** (falsa percepção de que somos mais capazes do que os demais, podendo provocar atitudes de risco exageradas).

Outros exemplos de vieses cognitivos são a **contabilidade mental** (tendência a separarmos mentalmente as funções de nosso dinheiro e, eventualmente, trabalharmos com estimativas imprecisas sobre nossos gastos e receitas), a **ilusão de controle** (crença de que nossa atitude pode influenciar resultados futuros de um investimento), o **viés de retrospecto** ou **percepção tardia** (uma tendência a acreditar que, em retrospecto, um evento era mais previsível do que realmente foi) e outros.

A Figura 7 demonstra, então, em que momento é melhor moderar o comportamento e em que momento é melhor adaptar a recomendação.

Veja que quando há altos níveis de riqueza, é possível adaptar, assim como para os casos de predominância de vieses emocionais.

Já moderar é a melhor alternativa quando se tratam de investidores e investidoras com menor nível de riqueza e com vieses cognitivos.

FINANÇAS COMPORTAMENTAIS E ARQUITETURA DE ESCOLHAS

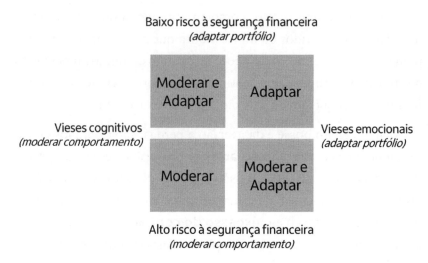

Figura 7 — Quando moderar e quando adaptar

Tipos de investidores de Pompian

Qual é o trabalho de planejadores e planejadoras financeiros?

Podemos simplesmente dizer que é oferecer processos estruturados de planejamento financeiro, o que por definição precisa ser amplo e levar em conta todos os aspectos financeiros da vida da pessoa.

Essa resposta é boa, mas pode limitar o escopo de atuação do profissional. Resumindo ainda mais, pode-se dizer que o trabalho de um planejador financeiro é ajudar clientes a atingirem seus objetivos, portanto, conhecer suas características comportamentais e seu processo de tomada de decisão é essencial para chegar a esse resultado.

Para facilitar o trabalho do planejador financeiro, Michael Pompian fez um agrupamento dos perfis de investidor encontrados com maior frequência, para poder, assim, ter uma diretriz mais clara sobre a forma mais adequada de abordar cada um deles.

Pompian chegou então a quatro perfis predominantes: seguidor/seguidora, independente, preservador/preservadora e acumulador/acumuladora. Vamos ver as características e como um planejador financeiro deveria abordar cada um deles em um processo de assessoria financeira.

Predominância de vieses cognitivos

Seguidor/Seguidora

Sua principal descrição é o fato de não terem um posicionamento próprio em relação a investimentos, apesar de terem uma alta ou média tolerância a riscos.

Seus principais vieses são: **aversão ao arrependimento** (não agir para não se arrepender), **viés de retrospecto** ou **percepção tardia** (tendência a acreditar que, em retrospecto, um evento era mais previsível do que realmente era), **efeito enquadramento** (ser influenciado pela maneira como as informações são dispostas) e **viés de recência** (decidir com base nas informações mais recentes) — uma alta propensão aos vieses cognitivos.

Os seguidores tendem a seguir a indicação de amigos ou conhecidos (ou a própria **manada**), tomando decisões sem considerar planos de longo prazo. Podem ficar autoconfiantes quando uma decisão de investimento funciona, o que pode fazer com que assumam mais riscos da próxima vez. A forma como algo é apresentado também pode fazer com que ajam ou pensem de forma diferente. Geralmente se arrependem de não estar no investimento da moda e acabam investindo no momento errado.

FINANÇAS COMPORTAMENTAIS E ARQUITETURA DE ESCOLHAS

Planejadores e planejadoras financeiras devem tomar cuidado quando esses investidores quiserem aplicar naquilo que está rendendo mais e devem incentivar uma visão de longo prazo, lembrando que investimentos precisam estar inseridos dentro de um plano. Também devem tomar cuidado ao fazer qualquer recomendação, pois são clientes que dizem "sim" rapidamente, mas se arrependem facilmente depois.

De forma geral, seguidores e seguidoras superestimam sua tolerância ao risco, e por isso é importante evidenciar as chances de perda, tentando tangibilizá-las. Só dá para acreditar na metade do risco que dizem tolerar.

Independente

Os investidores independentes têm suas próprias ideias sobre investimentos, uma média tolerância a risco e preponderância de vieses cognitivos.

Seus principais vieses são a **confirmação** (dar mais atenção às informações que confirmam sua opinião), a **representatividade** (prejulgar uma situação atual com base em experiências similares passadas), o **viés de autoatribuição** (acreditar que o sucesso de uma decisão foi exclusivamente individual, mesmo que tenha sido fruto de uma recomendação externa) e a **heurística de disponibilidade** (acreditar que novos eventos ocorrerão de forma similar a vivências passadas específicas).

Esses investidores confiam demais na sua intuição e gostam de fazer as próprias pesquisas (mas raramente consideram tudo que devem).

Geralmente, não consultam ninguém e mantêm suas expectativas mesmo quando o mercado muda. Gostam de investir e ficam confortáveis em assumir riscos, podendo resistir a seguir um planejamento financeiro.

Os profissionais da área devem entender que investidores independentes farão as coisas da sua maneira, mas devem tentar educá-los com informação confiável e sempre respeitando a sua inteligência. Vale destacar a importância de confirmar informações antes de tomar uma decisão e ajudar especialmente quando há mudanças no mercado, pois esse perfil tem dificuldade de mudar de opinião.

Predominância de vieses emocionais

Preservador/preservadora

Tem baixa tolerância ao risco e não se envolve no processo de investimentos. Sua ênfase é na segurança financeira e na preservação do patrimônio. De forma geral, tem mais sujeição a vieses emocionais.

Os principais vieses desse perfil são: **efeito posse** ou **dotação** (tendência a dar um valor indevido a algo apenas por ser seu), **aversão a perdas** (dar mais valor às perdas que aos ganhos, induzindo a uma realização precipitada de lucros ou à possibilidade de correr riscos infundados para reparar prejuízos), **contabilidade mental** (tendência a separar mentalmente as funções do próprio dinheiro e, eventualmente, trabalhar com estimativas imprecisas sobre gastos e receitas), **status quo** (tendência a permanecer em uma situação já conhecida e confortável) e **ancoragem** (tendência a ficar sob a influência de números avaliados anteriormente).

Esses investidores podem ter recebido seu patrimônio via herança e até mesmo por isso não se sentem confortáveis em arriscar seu capital. Facilmente ficam preocupados ou preocupadas, pois têm visão de curto prazo. São lentos para tomar decisões de investimentos e ficam desconfortáveis com mudanças e incertezas.

De forma geral, seu foco está na família. A recomendação para esse público é complicada, pois são muito direcionados pelas emoções. O planejamento financeiro é importante exatamente pela falta de conhecimento e envolvimento. É importante mostrar-lhes um plano estratégico completo e fugir de detalhes quantitativos, substituindo a linguagem técnica por outra, amigável e cordial.

Se bem atendido, o preservador tende a ser muito fiel ao planejador ou à planejadora que contrata.

Acumulador/acumuladora

Tem alto engajamento no processo de investimento, toma decisões rapidamente, é obstinado e confiante. Gosta de assumir riscos quando o mercado está em alta, mas não quando está em queda.

Pode não acreditar em princípios básicos de investimentos — como diversificação e alocação de ativos (*asset allocation*) — e tem alta tolerância a risco e preponderância de vieses emocionais.

Seus principais vieses são **ausência de autocontrole**, **viés de retrospecto** ou **percepção tardia** (tendência a acreditar que, em retrospecto, um evento era mais previsível do que realmente era), **excesso de confiança** (falsa percepção de ser mais capaz do que os demais, podendo provocar atitudes de risco exageradas), **ilusão de controle** (crença de que suas atitudes podem influenciar resultados futuros de um investimento) e **viés de afinidade** (tendência a investir em ativos com os quais existe uma relação de afinidade, como o ramo de atuação ou o local da empresa).

Muitas vezes, é empreendedor e empreendedora ou faz parte da primeira geração da família a criar riqueza. Geralmente, esteve no controle de atividades fora do mercado financeiro e acredita que pode fazer o mesmo com investimentos, não considerando totalmente as características específicas do mercado — e muitas vezes concentrando investimentos em ativos de ramos nos quais desenvolveu sua carreira e com os quais já se sente confortável.

Gosta de mudar seu portfólio de acordo com as mudanças de mercado e busca investimentos de alto risco, se seu círculo de amizades assim o fizer.

Por ter vieses preponderantemente emocionais, é melhor que o planejador ou a planejadora financeira se adapte a esses investidores.

Porém, é crucial estabelecer as regras do relacionamento profissional imediatamente e com sinceridade, pois esse perfil é teimoso, e se for necessário algum convencimento, você, profissional, precisa manter sua posição firme. Caso haja discordância, aguarde um momento privado para desafiar as opiniões de seu cliente — em público, sempre realce suas habilidades.

É importante tentar evitar o excesso de realocações, mas para isso os profissionais precisarão provar que conseguem entregar resultados no longo prazo.

Tipos de investidores segundo o Boston Consulting Group

Pompian não é o único a tentar determinar os diferentes tipos de investidores. Uma classificação frequentemente aceita (originalmente publicada pelo Boston Consulting Group, BCG) distingue a forma como investidores tomam suas decisões financeiras.

Essa classificação separa as pessoas em delegadores/delegadoras, validadores/validadoras e autodirecionados/autodirecionadas. Portanto, as demandas por planejamento financeiro também são diferentes.

> **Delegadores/delegadoras:** atribuem a tarefa de cuidar de suas finanças a outrem, que pode ou não ser um profissional de planejamento financeiro. Não se envolvem

nas decisões, mas são extremamente exigentes na hora de cobrar resultados. Apesar disso, se forem bem atendidos, recompensam com lealdade.

> **Validadores/validadoras:** precisam da ajuda de especialistas, mas esperam apenas recomendações. Fazem suas próprias análises e discutem alternativas com profissionais, muitas vezes buscando validar uma ideia prévia. São o melhor tipo de cliente para planejadores e planejadoras financeiras, pois apreciam as recomendações e os processos de planejamento, mas no fim tomam a decisão e têm consciência disso. Assim sendo, não cobram resultados de forma incisiva, como as pessoas delegadoras.

> **Autodirecionados/autodirecionadas:** levam as rédeas de sua vida financeira pessoalmente. Procuram se informar, portanto, de certa forma, são mais propensos a consumir conteúdos especializados de educação financeira e finanças do que de planejamento financeiro, pois o conhecimento lhes permite independência na tomada de decisões. Tendem a ser altamente sensíveis a preço e, quando procuram ajuda de um profissional, geralmente é específica e bem delimitada.

Kenneth Haman: e quando algo não dá certo?

Às vezes as coisas não saem como planejado. Quando se trata de investimentos, é preciso ter em mente que isso pode acontecer, pois naturalmente há riscos e perdas ocorrem com frequência.

Kenneth Haman, economista comportamental e executivo da gestora de recursos AllianceBernstein, desenvolveu uma metodologia para tentar conversar com pessoas que sofreram perdas financeiras (e que não estão nada felizes com isso).

Em primeiro lugar, precisamos nos lembrar de duas áreas cerebrais importantes. A primeira é o cérebro reptiliano, uma região antiga e muito semelhante ao cérebro dos répteis, que é responsável por decisões do tipo fugir ou lutar, não tem acesso à linguagem e é meramente impulsiva. Quando ativada, essa região é dez vezes mais poderosa do que a parte racional do cérebro, que é o neocórtex. Esse sim tem acesso à linguagem; permite ouvir, compreender e falar, além de ser responsável pelo raciocínio de causa e efeito e pelo planejamento de longo prazo. Localiza-se na parte frontal do cérebro, logo atrás da testa.

Quando alguém sofre uma perda financeira relevante, geralmente é ativado o cérebro reptiliano, pois esse tipo de impacto é processado de forma muito semelhante às ameaças à sobrevivência. Por isso, conversas sobre perdas no mercado financeiro costumam ser complexas.

Uma pessoa nessa situação pode ficar com o acesso à linguagem temporariamente comprometido, sem conseguir interpretar o que está sendo explicado e nem expressar com clareza suas preocupações. Seria muito bom se, nesse momento difícil, ela pudesse utilizar o neocórtex para tomar suas decisões.

Para muitos, o trabalho de um planejador financeiro seria orientar o investidor sobre o que fazer com seus investimentos. Mas, segundo Kenneth Haman, o principal trabalho em um momento desses é deslocar a atividade cerebral do investidor da região do cérebro reptiliano para o neocórtex. Mas como fazer isso?

FINANÇAS COMPORTAMENTAIS E ARQUITETURA DE ESCOLHAS

Kenneth Haman nos recomenda quatro passos:

> **Primeiro: ouvir.** Isso permite ao investidor ou investidora descarregar a tensão e, à medida que vai utilizando suas habilidades verbais, gradativamente avançar na utilização do neocórtex.

> **Segundo: encorajar o pensamento de planejamento e de causa e efeito.** Perguntar ao investidor o que acha que acontecerá, como enxerga o andamento dos acontecimentos. Esse tipo de pergunta só pode ser respondido com o neocórtex ativado.

> **Terceiro: levar o investidor para o pensamento racional e o autoconhecimento.** Tentar evidenciar que existe uma diferença entre o que aparentemente pode acontecer e os sentimentos exagerados provocados pela reação impulsiva diante das perdas.

> **Quarto: fornecer informação relevante.** Oferecer dados e uma visão de longo prazo que suportem a estratégia adequada de investimentos para o momento.

Um erro frequente é cometido quando nós, enquanto profissionais, tentamos oferecer a informação econômica relevante na primeira etapa, quando o investidor sequer tem capacidade de processá-la, por falta de atividade do neocórtex.

Finalmente, Kenneth Haman aconselha semear, ao longo do tempo, alguma frase de efeito que incentive o planejamento de longo prazo. Uma frase muito boa é a do megainvestidor Warren Buffet: "O mercado de risco é uma enorme fonte de transferência de riqueza dos apressados para os pacientes."

Quando um evento de estresse ocorrer, o planejador ou a planejadora poderá relembrar essa frase e ajudar o investidor a voltar sua mente para a lógica de longo prazo que fez com que investisse anteriormente.

Malcolm Gladwell e o poder da empatia

O trabalho de Kenneth Haman revela como profissionais do mercado financeiro precisam gerar confiança no contato com seus clientes. Em seu livro *Blink*, o jornalista britânico Malcolm Gladwell conta um caso que é um exemplo da importância da empatia.

Segundo ele, uma empresa de seguros, tentando precificar de forma mais eficiente os seguros médicos de responsabilidade civil (ligados a erros médicos e que levam à necessidade de indenizações), foi analisar o que diferenciava, entre profissionais que cometeram erros médicos relevantes, aqueles que foram processados por seus clientes daqueles que não foram. A empresa esperava encontrar um maior nível de processos contra médicos formados em universidades de menos prestígio, ou profissionais com menos experiência, mas nada disso foi encontrado.

A análise contou com gravações das consultas e mapeamento do tom de voz, tanto de pacientes como de médicos, e o principal diferenciador entre processados e não processados foi a forma como ocorreu o atendimento. Quando o médico ou a médica foi capaz de entender o paciente, colocando-se em um nível de parceria, sem ostentar um ar de superioridade e sem impor suas recomendações, as chances de haver um processo se reduziam significativamente.

A mensagem de Malcolm Gladwell sobre empatia é clara e, nessa linha, parece estar muito alinhada com os assuntos que abordamos neste capítulo.

Não basta que um planejador ou uma planejadora financeira seja tecnicamente impecável, conhecendo o mercado, seus produtos, entendendo sobre diversificação e seus impactos. É preciso ter algo de psicólogo, entendendo as limitações de clientes, seus vieses comportamentais e suas reações em momentos de dificuldade perante o mundo dos investimentos, que é hostil para a maioria das pessoas.

CAPÍTULO 6

ARQUITETURA DE ESCOLHAS

Ao longo das décadas em que a economia comportamental foi ganhando relevância, o conhecimento adquirido sobre o comportamento financeiro começou a ser utilizado para resolver questões práticas e problemas de cunho econômico e social.

Talvez o exemplo mais contundente e relevante dessa aplicação seja o Save More Tomorrow ("Poupe mais amanhã", em tradução livre), um projeto desenhado pelo vencedor do Prêmio Nobel Richard Thaler e seu colega Shlomo Benartzi com o objetivo de ajudar as pessoas a aderirem aos planos de pensão das empresas nas quais trabalham e pouparem em um nível suficiente para se manter durante a aposentadoria.

No momento da adesão ao plano, a pessoa opta por investir um pequeno montante de sua renda, algo como menos de 1%, percentual que é claramente insuficiente para criar uma reserva de aposentadoria adequada.

Mas, à medida que continua trabalhando na empresa, o percentual aumenta, incorporando uma parte relevante de cada novo aumento de salário recebido, ampliando o percentual poupado. Depois de três ou quatro aumentos, o valor direcionado para o plano de aposentadoria chega perto de 10% da renda, que já é um nível razoável, dependendo da idade em que a pessoa começou a poupar.

O Save More Tomorrow foi construído com o conhecimento de que as pessoas têm uma inversão de preferências quando se trata de uma escolha presente ou de uma escolha futura. Enquanto estamos planejando uma ação que será realizada em outro momento, temos certeza de que seremos capazes de executá-la. Por isso, é comum assumir o compromisso de acordar cedo e fazer uma caminhada ou começar um regime na próxima segunda-feira.

Porém, quando o dia programado para o início da atividade realmente chega, nossa preferência se altera, e optamos por dormir um pouco mais, em vez de caminhar; ou comer aquele doce saboroso, em vez de seguir a dieta programada. Essa incoerência pela qual todos nós passamos é muito bem definida por Eduardo Gianetti no livro *Autoengano*.

Assim, quando o Save More Tomorrow foi criado, sua concepção já partia do pressuposto de que tais participantes de planos de previdência seriam afetados pelo desconto hiperbólico e teriam maior propensão a aceitar uma mudança futura em seu hábito de poupança, em vez de começarem de forma drástica no presente.

O Save More Tomorrow também ataca outros dois vieses muito frequentes: a aversão a perdas (pois para aumentarmos nossa taxa de poupança, somos forçados a reduzir nosso nível de consumo, e sentimos o efeito como uma perda) e a inércia (pois não precisamos nos preocupar em ajustar o nível de poupança, o que é feito automaticamente).

O nome do produto é muito esclarecedor: *save more tomorrow*. Porque poupar amanhã é fácil, o difícil é poupar hoje.

Essa e outras iniciativas, como os investimentos por impulso, são exemplos de arquitetura de escolhas, termo cunhado por Richard Thaler em seu livro *Nudge: o empurrão para a escolha certa*, escrito em coautoria com Cass Sunstein.

Segundo Thaler, "um(a) arquiteto(a) de escolhas tem a responsabilidade de organizar o contexto no qual as pessoas tomam decisões", ou seja, ao conhecer como se dá o processo mental para a tomada de decisão, tal profissional deve favorecer a opção mais adequada e tornar menos atrativas aquelas alternativas indesejáveis.

Assim, usando o conhecimento sobre o comportamento humano em um determinado contexto, o arquiteto ou a arquiteta de escolhas tem dois objetivos: criar uma jornada que ajude a evitar os erros humanos previsíveis, que atrapalham as escolhas positivas, e também dar destaque às decisões mais favoráveis, facilitando sua execução, de maneira a ajudar as pessoas a priorizarem escolhas que aumentem seu bem-estar.

O objetivo principal da arquitetura de escolhas ou desenho de contexto é garantir a liberdade individual, evitando proibições ou sanções disciplinares, ao mesmo tempo em que busca mitigar os possíveis erros de decisão que poderiam ser explorados com dolo por outros participantes do mercado com interesse divergente.

Um exemplo dessa assimetria de interesses e conhecimentos está na indústria de seguros: por ser difícil calcular o risco de um evento a ser segurado, muitas pessoas podem comprar seguros desajustados às suas necessidades, pagando mais caro do que seria considerado justo pela proteção oferecida. Ou seja, por se tratar de um assunto muito técnico e de difícil compreensão, que exige cálculos sofisticados e não costuma fazer parte do cotidiano de muitas pes-

FINANÇAS COMPORTAMENTAIS E ARQUITETURA DE ESCOLHAS

soas, o mercado de seguros pode permitir que as fragilidades de clientes sejam exploradas por profissionais sem escrúpulos em busca de maiores retornos.

Por isso, o desenho de contexto busca minimizar o impacto da diferença de conhecimento entre as partes interessadas no negócio. Essa situação de desequilíbrio também pode ser encontrada nos mercados de crédito, de investimentos, de planos de aposentadoria e de assuntos financeiros em geral.

A arquitetura de escolhas tem um escopo extremamente abrangente, pois visa a compreender e alterar de forma significativa todo o contexto da tomada de decisão. Apesar disso, uma parte importante para sua execução são os chamados *nudges*.

O termo, que significa "cutucada" em inglês e que também foi criado por Thaler e Sunstein, serve para definir pequenas intervenções que têm a capacidade de afetar a tomada de decisão de forma previsível em boa parte da população. Ou seja, sabendo como as pessoas tendem a se comportar em determinado contexto, é possível, por meio de pequenas mudanças, alterar completamente suas atitudes em relação a uma escolha. Assim, se antes de uma intervenção a maioria escolheria "A", após a intervenção a maioria escolhe "B".

A efetividade de alguns dos *nudges* mais difundidos fez com que eles ganhassem notoriedade entre os entusiastas das finanças comportamentais.

Por exemplo, Dan Ariely conduziu um experimento inspirado em uma situação que vivenciou enquanto era professor de Economia Comportamental do MIT (Massachusetts Institute of Technology).

Certo dia, ele recebeu uma oferta para assinar a revista *The Economist*. Na mensagem, havia três opções de assinatura:

> Na primeira, com apenas US$59, ele poderia adquirir a assinatura de um ano da versão online da revista.

> Por outro lado, com US$125, poderia ter a assinatura da revista impressa.

> A última opção era a assinatura da versão digital combinada com a versão impressa pelos mesmos US$125.

Vamos analisar as opções:

Com US$59, teríamos acesso à versão digital, e com US$125, às versões impressa e digital juntas! A opção intermediária, pagar US$125 para ter apenas a versão impressa, não faz nenhum sentido econômico e parece irrelevante.

Ariely, no entanto, ficou intrigado sobre como o formato dessa proposta influenciava as escolhas e decidiu testar a reação de cem de seus alunos e alunas a essa oferta.

Sua pesquisa constatou que 84% das pessoas optariam pela terceira oferta (versão impressa mais versão digital por US$125), e que apenas 16% escolheriam a opção mais barata, pagando US$59 pela versão digital. Ninguém escolheu a segunda opção, que continua parecendo irrelevante.

Então Ariely decidiu fazer uma nova rodada com mais cem estudantes, dessa vez removendo a pergunta intermediária, aparentemente inútil.

FINANÇAS COMPORTAMENTAIS E ARQUITETURA DE ESCOLHAS

De forma avassaladora, as preferências se inverteram:

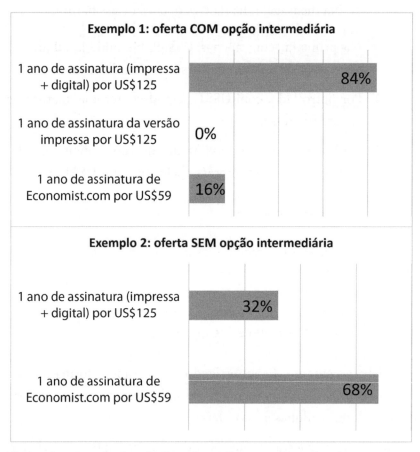

Figura 8 — Resultados de *Framing Effect* na oferta da *The Economist*

A primeira opção, assinatura digital por US$59, passou a atrair 68% dos entrevistados (antes eram 16%), enquanto a terceira opção, digital mais impressa por US$125, reduziu para 32% das escolhas (antes eram 84%).

Ou seja, a segunda alternativa, versão impressa por US$125, induz a maioria das pessoas a escolher a opção que contempla as versões impressa e digital da revista.

Isso ocorre porque, ao percebermos que a segunda e a terceira opção têm o mesmo valor, mas benefícios diferentes, a terceira opção se torna muito mais atrativa, pois interpretamos a oferta como uma oportunidade de obter mais vantagens em relação à segunda opção.

Durante nosso processo de tomada de decisão, sempre buscamos um referencial que nos ajude a entender se estamos ou não fazendo uma boa escolha. A inclusão da opção intermediária cria uma referência que não teríamos — e que torna a escolha da versão impressa combinada com a digital muito mais vantajosa.

Ou seja, essa mudança na preferência de escolha é induzida pela necessidade humana de decidir por meio da comparação, o que não influencia apenas nossas decisões de compra, mas até mesmo outros âmbitos de nossa vida, como na escolha de um parceiro ou parceira.

Em outro estudo, Dan Ariely pediu aos participantes que avaliassem o rosto de duas pessoas, Tom e Jerry, e dissessem qual consideravam mais atraente.

Para metade das pessoas, era acrescentada uma versão modificada e ligeiramente mais feia da imagem de Jerry, enquanto para a outra metade foi acrescentada uma versão piorada da imagem de Tom.

Ariely conta que, novamente, as preferências foram modificadas pela presença de uma versão menos atraente, induzindo os participantes a considerarem sua versão original muito mais bela — inclusive em relação ao outro rosto apresentado na pesquisa. Ou seja, quando havia uma versão feia de Tom, Tom parecia melhor, inclusive do que Jerry, mas quando havia uma versão feia de Jerry, Jerry parecia melhor, inclusive do que Tom.

FINANÇAS COMPORTAMENTAIS E ARQUITETURA DE ESCOLHAS

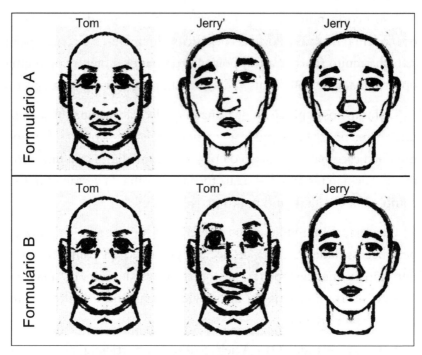

Figura 9 — Ilustração baseada no estudo de Dan Ariely sobre *Framing Effect*

O que os exemplos da *The Economist* e do poder de sedução de Tom e Jerry têm em comum é a demonstração de que nossas preferências e nossos julgamentos podem ser afetados pela maneira como a informação chega até nós, o chamado *framing effect*, ou efeito de enquadramento.

Essa técnica é extremamente conhecida por profissionais de marketing e publicidade, que definem com cuidado como as informações serão transmitidas para consumidores e consumidoras, a fim de tornar sua escolha mais palatável. Porém, no âmbito das políticas públicas e da educação financeira, ainda é pouquíssimo explorada. Seu uso poderia ajudar as pessoas a escolherem melhores investimentos ou produtos de crédito, por exemplo.

Esse é apenas um dos exemplos de erros sistemáticos cometidos pelos humanos e que podem ser explorados para a construção de melhores contextos e para a aplicação de *nudges* com a finalidade de criar melhores hábitos e decisões.

Uma das principais defensoras das finanças comportamentais (e da psicologia econômica, de forma mais abrangente), a doutora Vera Rita de Mello Ferreira definiu muito bem o momento atual da arquitetura de escolha:

"Para muitos pesquisadores da interface psicologia-economia, as propostas de desenho dos contextos, a fim de ajudar as pessoas a se equivocar menos em suas escolhas, começaram a ganhar forma — e terreno. Chamadas, originalmente, de paternalismo libertário (Sunstein & Thaler, 2003), ou assimétrico (Camerer *et al.*, 2003), ou *light* (Loewenstein & Haisley, 2008), elas delineavam uma arquitetura de escolha, ou seja, um design do ambiente e do processo decisório, com o objetivo de fortalecer o cidadão, frente às inevitáveis assimetrias do mercado, para que ele tivesse mais chance de ser bem-sucedido em suas decisões."

Ou seja, a arquitetura de escolha poderia ser utilizada para diminuir a desigualdade entre o mercado (financeiro ou até mesmo em geral) e o indivíduo, favorecendo decisões melhores para os cidadãos — que às vezes não são as mais interessantes para os negócios.

É exatamente nesse momento que a educação financeira encontra as finanças comportamentais e passa a consumir suas descobertas, se beneficiando da arquitetura de escolhas.

O potencial da arquitetura de escolhas

Quando esteve no Brasil recentemente, Dan Ariely foi questionado sobre quais dicas ele daria para alguém que estivesse buscando usar

FINANÇAS COMPORTAMENTAIS E ARQUITETURA DE ESCOLHAS

os conceitos de finanças comportamentais de forma prática. Sua dica, apesar de extremamente simples e até mesmo óbvia, é uma maneira muito interessante para subdividir as intervenções do arquiteto de escolhas.

Primeiro, sugere Ariely, devemos reduzir o atrito existente, que pode estar impedindo o bom hábito de ser praticado. Somente depois de nos certificarmos de que o atrito foi reduzido ao máximo devemos avaliar quais *nudges* e influenciadores podemos incluir no contexto para estimular o comportamento positivo.

Reduzir o atrito é importante, porque normalmente as opiniões sobre determinado assunto não são taxativas e inflexíveis. Na maioria das decisões cotidianas, nós temos pontos a favor e pontos contra a maioria das escolhas. Então, fazemos uma ponderação, mesmo que muito rápida, antes de decidir.

Por exemplo, quando vamos a um restaurante do tipo buffet, nossa avaliação de cada uma das opções de comida passa por um critério de escolha que pondera os benefícios e os potenciais prejuízos antes de rejeitá-las ou colocá-las no prato.

Suponhamos que sua primeira visão ao entrar no restaurante é de uma variedade de saladas, legumes e frios. Você fará uma ponderação baseando-se no quanto gosta desses itens. Alguns rapidamente são descartados, enquanto outros são selecionados para o prato. Seu sistema 2 sinaliza que você está fazendo uma dieta, e, com certa tristeza, você acrescenta uma porção extra de vegetais à refeição. Em seguida, seu sistema 1 o ajuda a retirar um pouco da alface recém colocada.

Depois, no buffet quente, você encontra uma suculenta lasanha — que por acaso é sua comida preferida. Estando de dieta, o sistema 2 reforça que você tem o compromisso de não consumir aquela quantidade exorbitante de calorias, mas você sofre uma súbita inversão de preferências e, quando vê, a lasanha já está disputando espaço com a porção de salada no prato.

Essa analogia sobre a escolha das comidas serve para exemplificar o processo de decisão em praticamente qualquer âmbito de nossa vida. Muitas vezes, selecionamos opções que não são aquilo que nos programamos para escolher a princípio, simplesmente porque estão mais acessíveis ou porque parecem muito atraentes naquele momento. Assim são as compras por impulso durante as voltinhas no shopping e até mesmo o consumo de um doce suculento após um dia de trabalho extenuante — e é nesse contexto que a criação ou redução do atrito pode fazer muita diferença para a escolha.

Thaler e Sunstein começam o livro *Nudge: o empurrão para a escolha certa* com o exemplo de Carolyn, "uma diretora da área de nutrição de um grande sistema escolar urbano", e narram a descoberta que ela fez após seguir a sugestão de um colega que tinha experiência em cadeias de supermercados: apenas alterando a disposição dos alimentos nas lanchonetes escolares — colocando cenouras na altura dos olhos, em vez de batatas fritas, por exemplo —, era possível reduzir ou aumentar o consumo de um alimento em até 25%.

Os atritos entre ter uma vontade e executar uma tarefa podem simplesmente minar a decisão e acabar com um planejamento. Por isso o desenho do contexto é tão importante e pode interferir diretamente em seu almoço e em todos seus outros hábitos.

FINANÇAS COMPORTAMENTAIS E ARQUITETURA DE ESCOLHAS

Os seis princípios da arquitetura de escolhas

Qualquer situação que exija uma tomada de decisão tem um desenho de contexto, seja ele intencional ou não. É como afirma Thaler, "Não existe design neutro".

Muitas vezes, o processo é tão complexo que desestimula uma decisão positiva; em outras, é tão simples que facilita uma má decisão.

Há momentos em que devemos reduzir a informação para retirar os atritos e criar um ambiente propício para um aceite sem muita hesitação; no entanto, às vezes é necessário incluir alertas, mensagens reflexivas ou outros elementos que induzam o usuário a avaliar melhor o cenário.

Para compreender os elementos existentes em uma tomada de decisão e conhecer como eles podem ser utilizados para aprimorar o desenho de contexto, Thaler e Sunstein os dividiram em seis aspectos, que devem ser considerados pelos arquitetos de escolhas quando criarem uma intervenção.

São eles:

1. **Entender os mapeamentos** do processo de decisão.
2. Saber como se dão as **escolhas com estruturas complexas**.
3. Trabalhar com **opções predefinidas** (*default*) sempre que possível.
4. Compreender que os humanos cometem **erros e saber como prevê-los**.

5. Guiar os usuários por meio do **fornecimento de feedbacks**.

6. Entender quais são os **incentivos** que influenciam os participantes do contexto, ajustando especialmente os potenciais conflitos de interesse.

A seguir, veremos detalhadamente cada um desses seis aspectos.

Entender mapeamentos

Os processos de tomada de decisão podem variar muito dependendo do contexto. Por exemplo, compare a decisão de comprar um carro e a decisão de assistir a um filme no cinema. Note que essas situações diferem muito entre si, desde o surgimento da necessidade.

Enquanto a busca por um carro pode partir do objetivo de facilitar a rotina, de ter segurança ou até mesmo status, um passeio ao cinema parte de uma busca por lazer, de uma curiosidade ou até mesmo de um desejo por conhecimento, por exemplo.

O processo de compra também pode ser muito diferente: quando vamos assistir a um filme, a escolha e até mesmo a compra do ingresso podem ser feitas totalmente online.

Já a compra de um carro normalmente passa por uma etapa de busca por informações, não somente de forma digital, mas também por meio de pessoas que sirvam como referências no assunto. Depois disso, provavelmente haverá uma etapa de experimentação, onde o interessado fará um *test drive* dos veículos que considerou mais aderentes à sua necessidade. Talvez ele percorra diversas concessionárias antes de optar por um veículo e adquiri-lo. Em muitos casos, haverá, ainda, uma etapa adicional relacionada à busca por opções de crédito para complementar o valor necessário à compra.

Portanto, caso o arquiteto de escolhas receba a tarefa de reduzir os atritos da compra de um ingresso de cinema, seu desafio será totalmente diferente daquele de interferir no processo de decisão de compra de um carro, por exemplo. Da mesma forma, qualquer outro contexto que seja objeto de estudo terá seus próprios e particulares desafios e características.

O arquiteto de escolhas deve compreender profundamente como se dá o processo decisório na circunstância em que quer intervir, pois só assim conseguirá identificar os momentos críticos que exigem mais atenção, mais facilidade ou até mesmo alguns empurrõezinhos.

O marketing busca compreender como os processos de decisão de compra se efetivam. Philip Kotler (2007), a principal referência nessa área, classifica as decisões de compra pela variedade de opções disponíveis e pelo envolvimento emocional que dispendem.

	Diferenças significativas entre as alternativas	Poucas diferenças entre as alternativas
Alto envolvimento	Comportamento de compra complexo	Comportamento de compra com dissonância reduzida
Baixo envolvimento	Comportamento de compra em busca de variedade	Comportamento de compra habitual

Quando uma decisão tem baixo envolvimento emocional e pouca diferença entre as alternativas, a escolha é rápida e normalmente se dá pela habitualidade — por exemplo, esponjas de lavar louça são muito parecidas entre si, e não se trata de uma decisão marcante, portanto, o consumidor tende a usar sempre um mesmo processo de decisão, o **comportamento de compra habitual**, escolhendo todas as vezes a mesma marca ou então sempre optando pela mais barata.

Quando há diferenças significativas, mas baixo envolvimento emocional, o consumidor assume o **comportamento de compra em busca de variedade**. Esse é o caso de doces, salgadinhos e outros alimentos em que há grande abertura para experimentação de novas opções.

Já quando há alto envolvimento na decisão, mas poucas diferenças entre as alternativas, a escolha ainda tende a ser rápida. Esse é o **comportamento de compra com dissonância reduzida**: "Os compradores pesquisarão para ver o que há disponível no mercado, mas efetuarão a compra de maneira relativamente rápida. Eles podem responder [...] à conveniência da compra" (KOTLER, 2007). A escolha de uma agência de viagens é um exemplo: o serviço prestado por todas é muito parecido, então podemos optar pela que estiver mais acessível.

As decisões com alto envolvimento emocional e diferenças significativas entre as opções, por sua vez, geram o chamado **comportamento de compra complexo**. Segundo Kotler (2007), "os consumidores apresentam um comportamento de compra complexo quando [...] o produto é caro, envolve risco, não é comprado com frequência e é altamente autoexpressivo. Normalmente, o consumidor tem muito a aprender sobre a categoria do produto [...] Esse comprador passará por um processo de aprendizagem, desenvolvendo em primeiro lugar suas crenças sobre o produto e em seguida suas atitudes em relação a ele, para então fazer uma escolha de compra consciente".

As decisões de investimento, poupança e aposentadoria normalmente estão nesse último grupo, portanto, há grandes oportunidades para facilitar o processo de compra e ajudar a população. As escolhas complexas são outro ponto que Thaler e Sunstein destacam.

FINANÇAS COMPORTAMENTAIS E ARQUITETURA DE ESCOLHAS

Escolhas com estruturas complexas

Quando precisamos fazer uma escolha em um contexto em que há muitas opções, as quais não teremos capacidade de avaliar completamente — seja pela quantidade elevada, seja pela complexidade exigida para a análise de cada elemento individualmente —, adotamos estratégias de simplificação que ajudem a reduzir o escopo da comparação.

Um exemplo é a "eliminação por aspectos", termo criado por Amos Tversky em 1972, sete anos antes de escrever o artigo "Prospect Theory: an analysis of decision under risk" junto com Daniel Kahneman, pelo qual seriam reconhecidos anos mais tarde.

Tversky buscava demonstrar que não atribuímos pesos iguais a todas as alternativas quando precisamos fazer escolhas. Em vez disso, para simplificar a análise, usamos critérios de eliminação que podem privilegiar um grupo de opções em detrimento dos demais.

No artigo "Elimination by Aspects: A Theory of Choice", Tversky transcreve a narração de um comercial de televisão que esclarece como a eliminação por aspectos funciona:

> "'Há mais do que duas dúzias de empresas na área de São Francisco que oferecem treinamento em programação de computadores.' O locutor coloca algumas dúzias de ovos e uma noz na mesa para representar as alternativas, e continua: 'Vamos examinar os fatos: quantas dessas escolas têm instalações de informática online para treinamento?' O locutor remove vários ovos. 'Quantas dessas escolas têm serviços de colocação que ajudariam a encontrar um emprego?' O locutor remove mais ovos [...]. Isso continua até que apenas a noz permaneça. O locutor quebra a noz, o que revela o

nome da empresa, e conclui: 'Isso é tudo o que você precisa saber em poucas palavras.'"

O exemplo ilustra que antes de realmente nos aprofundarmos na avaliação de alguns poucos itens, tomamos critérios de simplificação que ajudam a excluir alguns elementos, a fim de facilitar a nossa análise.

Esse processo é muito importante e eficiente sob a ótica de nossa capacidade limitada de processamento de informações. Porém, ao mesmo tempo, corremos o risco de eliminar itens que poderiam ser boas opções, simplesmente porque desconsideramos o agrupamento do qual eles fazem parte.

Por exemplo, imagine que você precisa definir em que colégio matriculará seu filho. Você descobre que há centenas de escolas disponíveis em sua cidade e, então, passa a adotar alguns critérios, como o preço (até mil reais por mês), a distância (até quinze minutos de carro de sua casa) e também a qualidade (a escola deve estar entre as vinte mais bem classificadas nos vestibulares locais).

Se for necessário, você pode adotar outros critérios de simplificação até conseguir chegar à opção que mais atende a todos os requisitos.

O problema desse método é apontado por Thaler e Sunstein: "Quando as pessoas adotam estratégias simplificadoras desse tipo, as alternativas que não se encaixam na pontuação mínima de corte podem ser eliminadas mesmo que sejam fabulosas em todas as outras dimensões."

Por exemplo, imagine que ao adotar os critérios de seleção citados para os colégios, você deixou de escolher uma escola entre as cinco melhores, há cinco minutos de sua casa, porque a mensalidade era de R$1.050, apenas R$50 acima do limite preestabelecido.

FINANÇAS COMPORTAMENTAIS E ARQUITETURA DE ESCOLHAS

Por outro lado, a não adoção da eliminação por aspectos poderia gerar até mesmo paralisia, algo que Barry Schwartz aborda em *The Paradox of Choice* (O paradoxo da escolha), explicando que ter uma variedade de opções é importante para que possamos escolher algo que nos agrada, mas, ao mesmo tempo, uma quantidade muito grande ou ilimitada de opções gera insatisfação, seja pela dificuldade na escolha, seja por aumentar a chance de arrependimento.

Tal remorso pode ser causado pelo que o marketing e a psicologia chamam de dissonância cognitiva pós-compra, que consiste em uma tentativa de avaliar se a decisão que tomamos realmente foi a mais acertada. Ocorre que, em um contexto com muitas opções, há maior possibilidade de haver uma alternativa melhor do que aquela que selecionamos, o que gera uma sensação de frustração.

Um dos antídotos para as escolhas com estruturas complexas são as opções predefinidas, que podem contribuir muito quando estamos propensos a fazer uma seleção inadequada por inércia ou por desatenção.

Escolhas predefinidas

Existe um exemplo de Dan Ariely que já se tornou emblemático: na Europa, enquanto países como a Dinamarca, os Países Baixos, o Reino Unido e a Alemanha tinham percentuais baixíssimos de doadores de órgãos (4%, 28%, 17% e 12%, respectivamente), outro grupo de países, composto por Áustria, Bélgica, França, Hungria, Polônia, Portugal e Suécia, tinha níveis de 100%, à exceção da Bélgica (98%) e da Suécia (86%).

O fator que causa a desproporção substancial entre esses países não é cultural, religioso ou moral. Não se trata de algum hábito ou de uma crença arraigada. A diferença, muito mais sutil, óbvia e impressionante, é o formulário.

Arquitetura de escolhas

Nesses países, o arquiteto de escolhas das adesões aos programas de doação de órgãos é o departamento de trânsito, e os usuários preenchem uma ficha quando vão solicitar sua licença para dirigir.

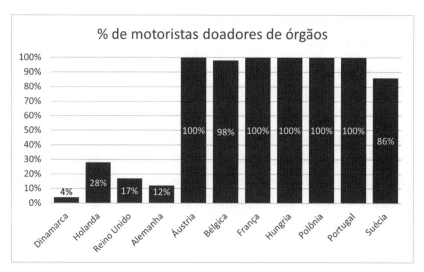

Figura 10 — Comparação entre os índices de doação de órgãos em diferentes países

Nos lugares onde o formulário já vem com a opção predefinida, permitindo a doação de órgãos dos condutores, os percentuais são extremamente elevados. Por outro lado, nos países onde é necessário optar por se tornar doador, os percentuais são baixíssimos.

Ou seja, quando o formulário já indica que somos doadores e devemos agir para deixarmos de ser, nos mantemos na inércia e continuamos sendo doadores.

Já nos países em que precisamos aderir ao programa de doação, também continuamos inertes e simplesmente não aderimos a ele.

Esse exemplo ilustra muito bem a importância de reduzir o atrito o máximo possível — até mesmo uma única ação, simples e pouco trabalhosa, de selecionar um campo dizendo "eu quero ser doador de órgãos" (ou algo similar) pode levar uma população inteira a não se tornar doadora.

Para efeito de comparação, Ariely conta que os Países Baixos só conseguiram seus 28% de doadores de órgãos após fazerem uma campanha nacional convocando todos os cidadãos a aderirem ao programa.

O que explica esse efeito é algo que já foi comentado: na maioria das decisões, não temos um posicionamento forte a respeito de um assunto ou de outro. Salvo algumas religiões que proíbem a doação de órgãos, a maioria das pessoas é neutra quanto à possibilidade de ter seus órgãos doados após a própria morte, uma vez que essa decisão obviamente não gera nenhum impacto à sua vida. Portanto, nesses casos, tendemos a simplesmente aceitar a opção escolhida para nós.

Por outro lado, se estamos diante de uma decisão muito complexa, sobre a qual não nos sentimos competentes para decidir, também podemos nos beneficiar de opções predefinidas. É o que concluem Cronqvist e Thaler (2004) em um estudo sobre a privatização do sistema de seguridade social sueco no ano 2000.

No período, o governo estava incentivando a adesão de sua população a planos de investimentos para a aposentadoria. Além de diversos produtos de investimentos, a Suécia estabeleceu uma opção *default* (padrão), caso os participantes não fizessem uma escolha ativa. Também houve uma forte campanha na mídia incentivando que os cidadãos buscassem fundos diferentes da alternativa preestabelecida.

No final, de um total de 456 fundos oferecidos, a opção preestabelecida captou 33,1% da alocação. Nos anos seguintes, quando a publicidade foi descontinuada, esse total aumentou. Em 2003, 91,6% dos novos participantes escolheram a opção *default*.

Cronqvist e Thaler concluem que "uma lição que os economistas estão começando a aprender é que a escolha de uma opção padrão pode ser extremamente importante. Por muitas razões, incluindo o viés de status quo (William Samuelson e Richard J. Zeckhauser, 1988), preguiça, procrastinação e assim por diante, quando uma opção é designada como padrão, ela atrairá uma parcela de mercado desproporcional".

Além disso, ao avaliar os resultados em 2004, os autores concluem que o custo para incentivar escolhas fora da opção *default* não compensou, pois a maioria dos participantes tomou a decisão afetada por três vieses:

> Primeiro e mais relevante, o **efeito retrovisor**, reflexo do período de otimismo no mercado acionário e, em especial, do crescimento da bolha de tecnologia, o que fez a população adotar percentuais elevados de alocação em renda variável.

> Segundo, um forte **viés doméstico**, um viés de julgamento que favorece a escolha de investimentos locais e familiares, em vez de uma distribuição mais heterogênea do portfólio ou até mesmo de uma análise qualitativa das empresas escolhidas.

> Por último, quem não investiu na opção padronizada também teve custos administrativos maiores.

Enfim, o governo tomou a decisão ativa de não estimular mais as escolhas que não eram a opção *default* e reduziu os incentivos para a distribuição de uma diversidade de fundos.

As escolhas predefinidas, portanto, exploram algumas heurísticas e vieses humanos, ou seja, algumas simplificações e falhas de tomada de decisão que ocorrem com muita frequência. Por outro lado, mesmo quando a liberdade é estimulada, as pessoas estão sujeitas a outros vieses e erros de julgamento que podem prejudicá-las ainda mais.

O próximo aspecto que Thaler e Sunstein sugerem que os arquitetos de escolha observem diz respeito justamente a isso.

Espere erros

Os seres humanos cometem erros. E não são poucos.

Além da preguiça, da procrastinação e da inércia mencionados por Cronqvist e Thaler, estamos sujeitos a diversos deslizes relacionados à forma como nosso cérebro funciona.

Por exemplo, quando pegamos o carro para ir a um lugar diferente, podemos nos distrair e seguir na direção oposta, para um sentido com o qual estamos mais habituados, como o trajeto para o trabalho. Ou, quando temos uma lista de tarefas, podemos fazer uma parte delas e nos esquecer de realizar as restantes. Também podemos realizar a parte principal de uma atividade e esquecer de concluir as etapas posteriores do processo e, por exemplo, preparar uma refeição completa e esquecer de guardar os ingredientes que sobraram em seus respectivos lugares.

Tal atitude, conhecida como **erro pós-realização**, é exemplificada por Byrne e Bovair com uma situação cotidiana em muitos escritórios: o indivíduo vai até a fotocopiadora e realiza todo o procedimento para copiar um documento. No final do processo, ele retorna à sua mesa com as cópias e esquece o documento original dentro da máquina.

Há ainda outros exemplos trazidos por Thaler e Sunstein, como esquecer o cartão de débito dentro do caixa eletrônico e não fechar a tampa do tanque de combustível do carro.

Bons designers, assim como bons arquitetos de escolhas, criam produtos e processos já considerando esses possíveis erros e atuam para evitar que eles aconteçam. Por exemplo, o fluxo do caixa eletrônico pode obrigar o usuário a remover o cartão de débito da máquina antes de retirar o dinheiro.

Também é possível prender a tampa do tanque de combustíveis ao carro, evitando que ela se perca por um descuido.

Outro exemplo trazido por Thaler e Sunstein vem do ramo farmacêutico e diz respeito ao uso de anticoncepcionais. A forma correta de utilização geralmente exige que se tome uma pílula diariamente durante três semanas e, depois, que haja um intervalo de uma semana sem o medicamento. Para a maioria das pessoas, essa quebra da rotina pode dificultar a retomada do uso do medicamento e, consequentemente, prejudicar os efeitos esperados.

Para resolver a questão e transformar o processo em algo automático, essas cartelas de anticoncepcionais têm 28 unidades numeradas (representando um ciclo completo), e as pílulas entre os dias 22 e 28 são placebos. Dessa maneira, as pacientes não interrompem o uso contínuo e têm menos propensão a falhar no uso do remédio.

Os *nudges* estão intimamente ligados aos erros e padrões previsíveis de comportamento dos seres humanos, assim como o próximo aspecto considerado por Thaler e Sunstein: a necessidade de feedbacks.

Forneça feedbacks

A principal forma de aprendizado dos humanos é o processo de tentativa e erro. O alto índice de acertos de um jogador de basquete profissional em relação a uma pessoa comum pode ser atribuído, em grande parte, à quantidade de horas praticadas.

FINANÇAS COMPORTAMENTAIS E ARQUITETURA DE ESCOLHAS

Da mesma forma, exímios enxadristas praticaram por anos até começarem a adquirir a habilidade de prever três, quatro, cinco ou mais movimentos à frente de seus adversários.

Em ambos os casos, a relação entre o aprendizado e o feedback é muito forte e evidente.

Ao fazer um arremesso, o jogador consegue compreender se aplicou a força adequada, se o movimento correto foi realizado e se o direcionamento estava alinhado ao aro e, a partir disso, consegue realizar longas sequências de arremessos em que poderá testar e aprimorar cada um desses aspectos.

Da mesma forma, em uma partida de xadrez, rapidamente o jogador consegue perceber as consequências do movimento que optou por realizar, e com o tempo consegue identificar padrões de jogadas que permitem prever quais são as próximas possibilidades do adversário. Com isso, o jogador pode tentar intervir na tática do oponente, seja com a finalidade de atrapalhar uma jogada ofensiva, buscar uma brecha em sua defesa ou até mesmo criar artifícios que confundam o rival.

Por outro lado, especialmente em decisões ligadas às finanças, os feedbacks adequados para uma melhora de comportamento nem sempre estão disponíveis.

Quando fazemos uma compra por impulso em um shopping center, nosso feedback é a satisfação de adquirir um item de desejo. Por outro lado, não recebemos nenhum retorno sobre o impacto que essa decisão pode causar em nosso fluxo de caixa, por exemplo.

Só teremos ciência do resultado potencialmente catastrófico quando ficarmos endividados, e, então, já não conseguiremos relacionar aquela decisão específica às suas consequências.

Da mesma maneira, quando escolhemos um plano de previdência, há inúmeras possibilidades. Primeiro, precisamos decidir o valor que será investido e a recorrência de novas aplicações. Depois, há ainda inúmeras decisões técnicas sobre o investimento em si, por exemplo:

> Qual é o melhor tipo de produto? VGBL (Vida Gerador de Benefício Livre) ou PGBL (Plano Gerador de Benefício Livre)?

> Qual é o melhor tipo de tributação? Regime Progressivo Compensável ou Regime Regressivo Definitivo?

> Qual é o investimento mais adequado para mim? Renda Fixa, Balanceado, Multimercado...? Conservador, arrojado ou agressivo?

Apesar de todas essas questões precisarem ser decididas no momento da adesão, o feedback dessas escolhas tende a acontecer somente no longuíssimo prazo, e as consequências normalmente são irreversíveis.

Se o investidor escolher os tipos de produto e de tributação inadequados, pagará mais imposto do que deveria. Se escolher o tipo de investimento inadequado, pode correr mais riscos do que aceitaria ou, talvez, não ter um retorno suficiente para seu objetivo de aposentadoria. Se investir um valor inferior ao necessário, pode não conseguir se aposentar.

Portanto, há algumas situações em que o feedback não é natural, e o risco de uma decisão errada é majorado, porque não conseguimos adotar estratégias de ajustes em tempo hábil. Nesses casos, é importante que o desenho de contexto preveja maneiras de tornar as decisões mais acertadas e, se possível, ajude no fornecimento de feedbacks.

Incentivos

A economia tradicional já considera em seus modelos as leis de oferta e demanda que influenciam diretamente no preço dos produtos e nos lucros dos participantes do mercado. Porém, a economia comportamental avalia outro aspecto dos benefícios e malefícios ocasionados por estratégias de preços e incentivos.

Para as finanças comportamentais, a dúvida mais importante é: como os incentivos influenciarão no comportamento das forças interessadas em uma decisão?

Ou, dizendo de outra forma: quem ganha com isso? Os interesses de todos estão alinhados? Alguém se beneficia do prejuízo do outro?

Nesse contexto, o exemplo já mencionado do mercado de seguros se enquadra completamente. É possível que as companhias seguradoras se beneficiem da dificuldade dos clientes de calcular preços justos para os seguros que contratam. Também é possível que os corretores de seguros tenham estímulos financeiros que lhes tornem parciais em relação aos produtos que apresentarão aos potenciais clientes.

Para compreender completamente o desenho de contexto em que uma oferta se encontra, é imprescindível conhecer bem os incentivos existentes, para quem são direcionados e que atitude estimulam.

Thaler e Sunstein sugerem fazer quatro perguntas para compreender os incentivos:

> ❯ Quem usa o produto ou serviço?
> ❯ Quem escolhe o que será oferecido?
> ❯ Quem paga?
> ❯ Quem lucra?

Conhecendo esses quatro aspectos, é possível identificar potenciais divergências entre os incentivos dos participantes e agir para mitigá-las.

Um contexto muito propício para o conflito de interesses é o mercado de concessão de créditos. Acompanhe o exemplo.

Quem usa?

Segundo pesquisa divulgada em janeiro de 2017 realizada pelo Serviço de Proteção ao Crédito (SPC Brasil) e pela Confederação Nacional de Dirigentes Logistas (CNDL), 42% dos brasileiros se consideram inseguros a respeito de seus conhecimentos para gerenciar suas finanças.

O público potencial para a oferta de crédito, portanto, é um grupo onde quase metade das pessoas tem consciência de que não sabe o suficiente para fazer uma gestão financeira adequada.

Quem escolhe?

Quem define qual produto de crédito oferecerá é um representante de algum banco ou de alguma instituição financeira, portanto, se houver qualquer intenção de agir de má fé, o arquiteto de escolhas poderá deixar disponíveis as opções mais caras.

Quem paga?

O mesmo público que tem baixo conhecimento e, consequentemente, dificuldade de reconhecer custos ocultos ou taxas de juros abusivas.

FINANÇAS COMPORTAMENTAIS E ARQUITETURA DE ESCOLHAS

Quem lucra?

O próprio corretor, gerente ou vendedor que definiu a oferta de crédito, e também a companhia que vendeu o produto.

É claro que nem toda instituição financeira atuará de forma a prejudicar seus clientes, mas o ambiente propício pode contribuir para a criação de um sistema baseado na exploração do próximo.

Esse é o caso exemplificado por Susan Woodward em seu completo estudo sobre os empréstimos da Federal Housing Administration (FHA), que são opções populares para os mutuários norte-americanos. Esses planos permitem a compra de um imóvel com um pagamento inicial relativamente pequeno, mas podem embutir parcelas intermediárias e outros custos que dificultam muito a compreensão do preço real da transação. Foi esse mercado o estopim para a crise financeira de 2008.

Conforme comenta a autora, "as estruturas complicadas dos empréstimos imobiliários elevam os custos totais dos compradores e aumentam a variabilidade das tarifas, sugerindo que os credores e corretores em particular lucram quando as transações são complexas e os consumidores têm um período curto para comparar as alternativas. Além disso, parece que os credores e corretores de hipotecas fazem suas ofertas mais favoráveis quando consideram que os mutuários conhecem alternativas competitivas. Os mutuários em bairros com pouca escolaridade recebem ofertas substancialmente mais elevadas, e embora uma parcela significativa se afaste dessas ofertas, uma quantidade suficiente as aceita ao ponto de serem lucrativas para credores e corretores".

Ou seja, para se construírem desenhos de contexto que ajudem a população a escolher melhores produtos de crédito, é imprescindível conhecer a política de incentivos e atuar contra possíveis subversões.

CAPÍTULO 7

APLICAÇÕES PRÁTICAS DE *NUDGES* E ARQUITETURA DE ESCOLHAS

O desenho de contexto é algo bastante complexo de ser executado, pois exige atenção a muitos detalhes para efetivamente provocar uma mudança de comportamento nos usuários e nas usuárias da experiência que está sendo projetada. Em contraponto, há outro elemento da economia comportamental que é muito mais convidativo, curioso e fascinante.

Muitas pessoas fora do âmbito acadêmico têm voltado suas atenções para as finanças comportamentais especialmente pelos *nudges*, os empurrõezinhos que permitem modificar as atitudes com soluções criativas e não usuais, fornecendo resultados impressionantes a despeito de sua simplicidade de execução.

FINANÇAS COMPORTAMENTAIS E ARQUITETURA DE ESCOLHAS

Um exemplo já recorrente vem do aeroporto de Schiphol, em Amsterdã. Apesar de antigo, datado da década de 1990, esse exemplo continua interessante.

Motivada a reduzir os gastos com a limpeza dos banheiros masculinos, a administração do aeroporto criou uma solução criativa para estimular a boa conduta dos usuários. Em vez dos tradicionais avisos para manter o ambiente limpo, optou-se por um pequeno adesivo emulando uma mosca pousada dentro do urinol.

Figura 11 — Ilustração do *Nudge* aplicado no aeroporto de Schiphol

Ocorre que a introdução desse elemento no contexto estimula os homens que estão usando o mictório a aumentarem drasticamente sua precisão, evitando que a urina caia no chão.

O responsável pela execução da ideia no aeroporto foi Aad Kieboom, mas ele admite que a inspiração veio de um colega, chamado Jos van Bedaf, que, por sua vez, se baseou em sua vivência no exército na década de 1960 — nas forças armadas, as moscas davam lugar a pequenos alvos.

Os resultados impressionam. A estimativa de Kieboom é de uma redução de 80% nos respingos, o que significa uma economia de 8% do custo para manter o recinto limpo.

O engenhoso exemplo do adesivo no mictório é apenas uma amostra de uma diversidade de possibilidades em que pequenas modificações no espaço ou — de forma mais abrangente — no contexto podem provocar mudanças de comportamento que talvez não fossem possíveis (ou não fossem tão efetivas) de outra maneira.

Está claro que o pequeno estímulo causa uma aderência muito maior dos homens do que as alternativas mais convencionais, como alertas, pedidos ou avisos para manter a limpeza do local. Podemos, assim, conjecturar sobre a quantidade de sinalizações similares que existem por aí e que talvez não sejam tão efetivas também.

É por isso que cada vez mais se discutem soluções que apelem para as atitudes previsíveis dos usuários, para garantir uma maior aderência ao comportamento proposto de uma forma que possa ser planejada e antecipada. Essas soluções inspiradoras são os *nudges* e, apesar de sua aparente simplicidade, sua execução não é trivial.

A seguir, conheça outros *nudges* praticados no mercado, além do Save More Tomorrow (quatro deles criados por Martin Iglesias e sua equipe):

Checklist de P.A.R.I.S.

Pensando na necessidade de ativar o sistema 2 na hora de uma decisão de investimentos, Martin e sua equipe de especialista criaram a regra de P.A.R.I.S. Sua vantagem em relação a outros checklists é a facilidade de memorização, uma vez que os pontos a serem checados começam com as letras da capital da França.

FINANÇAS COMPORTAMENTAIS E ARQUITETURA DE ESCOLHAS

O objetivo é fazer com que sejam verificados pelo menos os cinco pontos que atrapalham de forma mais frequente as decisões de investimento. Vamos ver:

> O "P" vem de "projetar", o que significa que devemos pensar no longo prazo — isto é, evitar a **miopia**, e não avaliar no curto prazo o retorno de investimentos destinados ao longo prazo — e lembrar da famosa frase de Warren Buffet: "O mercado de risco é uma enorme fonte de transferência de riqueza dos apressados para os pacientes."

> A seguir vem o "A", que propõe que tenhamos cuidado ao "avaliar" os ativos, para que um retorno passado não seja utilizado como a principal fonte de decisão (**efeito retrovisor**). A própria regulação exige que, ao oferecer um fundo de investimentos a um investidor, a instituição alerte que rentabilidade passada não é garantia de resultado futuro. Entretanto, com muita frequência vemos os investidores cometerem esse erro e procurarem o investimento que mais rendeu no passado.

> O "R" é de "reduzir" o risco. Aqui temos que pensar na diversificação, evitando principalmente o problema de **excesso de confiança** e de otimismo, lembrando sempre do maior ensinamento de Markowitz: a diversificação ajuda a melhorar a eficiência de um portfólio.

> O "I" é de "identificar", e tem a ver com o autoconhecimento exigido para que o investidor mensure sua tolerância a risco por meio de questionário de perfil, que o ajudará a evitar que assuma riscos maiores do que ele tolera.

> Finalmente, o "S" propõe que os ativos sejam "selecionados" de forma que seus riscos estejam alinhados com os objetivos financeiros e o horizonte do investidor.

Regra 1-3-6-9

A preparação para o futuro é sempre um processo complexo e cheio de incertezas. Em primeiro lugar, porque as pessoas têm dificuldade de se preparar para um objetivo que está distante. No nosso dia a dia, existem tantas preocupações financeiras e não financeiras que requerem ações imediatas que aquelas que não são tão urgentes acabam ficando de lado, mesmo que sejam de total relevância. O 1-3-6-9 ajuda a gerar senso de urgência para algo que aparentemente poderia esperar.

De certa forma, quando alguém quer se preparar para ter equilíbrio financeiro no futuro, acaba se deparando com muitas dúvidas. Quanto gastarei no futuro? Quanto é preciso acumular?

Muitos nem sequer pensam de forma séria sobre essas questões. Já aqueles que se aventuram a respondê-las começam a esbarrar em questões como: quanto será que preciso poupar por mês? Quanto renderão meus investimentos de hoje até o momento em que precisar utilizar os recursos em minha aposentadoria?

Essas pessoas se deparam com tantas dificuldades, que parecem navegadores indo em direção a um rumo incerto, sem noção do caminho a seguir. Mas o pior não é isso — situações como essa fazem com que muitos evitem pensar sobre o assunto, justamente porque ele parece tão complexo.

O desafio de tentar simplificar o processo de acumulação para a aposentadoria em uma simples regra foi encarado por uma equipe de profissionais do Itaú Unibanco liderada por Martin Iglesias. O objetivo da equipe era chegar a uma regra simples e de fácil memorização, que permitisse às pessoas saber se estão no caminho certo. A equipe se inspirou no índice de massa corporal (IMC), que permi-

FINANÇAS COMPORTAMENTAIS E ARQUITETURA DE ESCOLHAS

te a qualquer pessoa saber se está com peso adequado fazendo uma conta muito simples: peso divido pela altura ao quadrado.

Depois de um bom tempo de pesquisa, a equipe chegou à regra do 1-3-6-9. Os números que dão nome à regra representam quantos anos de renda convém ter acumulado em idades-chave de nossas vidas financeiras.

Ou seja, os números indicam quantos anos de trabalho deveríamos ter acumulado para saber se estamos no caminho certo para uma aposentadoria tranquila.

Idade	Anos de renda acumulada
35 anos	1 ano de renda
45 anos	3 anos de renda
55 anos	6 anos de renda
65 anos	9 anos de renda

Aos 35 anos, deveríamos ter um ano de salário poupado; aos 45, três anos; aos 55, seis anos de poupança; e, aos 65 anos, nove.

Conseguir acumular o equivalente a 9 anos de renda até os 65 anos certamente não é nada fácil. Para muitos, pode parecer uma quantia fora de propósito. Mas, na verdade, esse é o valor necessário para viver na aposentadoria sem depender totalmente da Previdência Social. Sabemos que esse número choca, o que é até certo ponto positivo, pois evidencia que o esforço de poupança necessário para a aposentaria é grande.

Para aqueles com a impressão de que essa é uma meta impossível, temos a segunda tabela. Ela mostra quanto é necessário guardar por mês para chegar aos "9" aos 65 anos de idade.

Idade	% a poupar
25 a 40 anos	= Idade - 15
45 anos	= Idade - 10
50 anos	= Idade

Ou seja, uma pessoa de 25 anos que não tem nada acumulado para a aposentadoria deveria poupar 10% da sua renda, que é o resultado de sua idade menos 15.

Se a mesma pessoa deixar para começar a poupar um ano mais tarde, deverá guardar 11% da renda ao longo de toda a vida produtiva (pois a conta agora é 26 - 15 = 11). Veja que, quanto mais a idade avança, mais difícil se torna chegar ao número nove.

Isso quer dizer que um esforço maior de poupança será necessário caso se deseje manter o padrão de consumo na aposentadoria.

O 1-3-6-9 não pretende resumir todo o planejamento financeiro a uma regra, mas, de forma muito resumida, dar uma diretriz e chamar a atenção das pessoas para a necessidade de se preparar para a aposentadoria.

Obviamente, várias premissas foram usadas no modelo, e vale destacá-las. Em primeiro lugar, foi utilizada a sobrevida média (aproximada) de uma pessoa de 65 anos, que é de aproximadamente 80 anos. Isso já implica no fato de que pessoas com bom histórico de longevidade na família talvez precisem de um esforço adicional de poupança.

Supomos também que, ao se aposentar, o nível de despesas caia 25% em relação ao nível de despesas de quando se estava trabalhando. Esse número é muito conhecido no planejamento financeiro e decorre da ideia de que, ao deixar de trabalhar, a pessoa para

FINANÇAS COMPORTAMENTAIS E ARQUITETURA DE ESCOLHAS

de poupar para a aposentadoria e fica desobrigada de todas as despesas vinculadas ao ato de trabalhar, como transporte, alimentação fora de casa, estacionamento, estudo, vestuário e outros.

Também, se pensamos em um horizonte mais longo, vemos que outros custos elevados tendem a se encerrar, como o financiamento imobiliário, que provavelmente já estará pago, e a educação das crianças.

É verdade que as despesas com saúde sobem, mas isso não é no momento da aposentadoria, mas ao longo do tempo, e já estão contabilizadas nos 25% de redução.

Outra premissa se refere à taxa de rentabilidade considerada no modelo, que é de 3% real (após descontar o efeito da inflação) ao ano. Essa taxa normalmente é muito menor que a dos títulos públicos de longo prazo indexados à inflação, e acreditamos que é realista, até pelas possibilidades de ganhos com a diversificação.

A última premissa a ser abordada é que o modelo não conta com nenhum recebimento de renda do INSS, o que o torna conservador, pois temos certeza de que grande parte das pessoas contará com algo vindo da previdência pública.

Para se ter uma ideia, se a pessoa receber do INSS o suficiente para cobrir 30% de suas despesas, os recursos provenientes do 1-3-6-9 não acabarão. Para concluir, gostaríamos de destacar que o valor do 1-3-6-9 engloba qualquer investimento que possa gerar renda na aposentadoria — isto é, planos de previdência e outros investimentos (desde que não destinados a outros fins), como ações, poupança, fundos de investimento e bens imobiliários (desde que não seja a casa onde se reside).

Jurandir Macedo, professor da Universidade Federal de Santa Catarina, costuma dizer que na vida de uma pessoa existem dois erros financeiros possíveis: poupar muito e viver pouco e poupar pouco e demorar para morrer. Temos certeza de que o 1-3-6-9 ajuda a não cometer nenhum desses erros.

Três reservas

O conceito das três reservas atualmente está banalizado — até certo ponto.

Mas isso não é ruim. Pelo contrário, demonstra a evolução e naturalização da conversa de planejamento financeiro por todos os profissionais de mercado.

No entanto, poucos se lembram de que esse modelo, que hoje soa óbvio a todos, não existia no Brasil há menos de quinze anos e que foram Martin Iglesias e sua equipe os responsáveis por popularizar essa prática, junto com todo o time de especialistas de investimentos e gerentes do Itaú Unibanco.

Inspirado na **contabilidade mental**, que indica nossa tendência natural a segregar o dinheiro por finalidades ou reservas distintas, o modelo das três reservas ajudava o investidor a montar um plano sólido de investimentos, condizente com objetivos financeiros comuns, como, por exemplo, obter uma reserva para emergências composta por seis meses da renda pessoal aplicados em investimentos de baixíssimo risco e possibilidade de resgate imediato, como fundos DI, CDBs ou Tesouro Selic. Após essa primeira reserva, o investidor deveria pensar na aposentadoria, objetivo para o qual a regra do 1-3-6-9 serve como uma forte aliada. E por último, mas não menos importante, a busca por uma diversificação adequada, de acordo com o perfil de investidor, era o recomendado para a reserva de construção de patrimônio.

FINANÇAS COMPORTAMENTAIS E ARQUITETURA DE ESCOLHAS

Dessa forma, um investidor bem-sucedido paulatinamente iria construindo suas reservas, primeiro pela emergência, depois pela aposentadoria e, por último, pela construção de patrimônio.

Projeções de retorno

Uma inovação mais recente no Itaú Unibanco foi a inclusão de projeções de retorno na avaliação de produtos de investimentos, e até mesmo em simulações de recomendações de investimentos, nos canais digitais do banco e do Íon, seu aplicativo dedicado a investimentos.

Esse *nudge* serve como um importante contraponto ao **efeito retrovisor** e permite que investidores e investidoras reflitam sobre o retorno esperado dos ativos, sem ficar **ancorados** apenas ao retorno passado.

stickK

Mencionado por Thaler e Sunstein no livro *Nudge: o empurrão para a escolha certa*, o stickK é um aplicativo que usa o compromisso público como uma forma de engajamento. Ele foi desenvolvido pelo professor Dean Karlan com o objetivo de ajudar pessoas com a questão da inversão de preferências causada pelo desconto hiperbólico.

Para começar, o usuário define um objetivo pessoal, que pode ser algo ligado a alimentação, exercícios, metas de estudo ou leitura, ou a um hábito financeiro (como aumento de poupança), e estabelece um prazo para seu cumprimento. Em seguida, ele deve definir uma consequência que terá que cumprir caso não atinja a meta estabelecida.

Até aí, não há nada de muito diferente de um compromisso assumido individualmente. A grande diferença é que o objetivo e a punição se tornam públicas, por meio do compartilhamento em redes sociais. Além disso, o usuário escolhe um juiz que será responsável por definir se a meta foi cumprida ou não e se, portanto, a punição deve ser cumprida.

Impulse Saver

O Impulse Saver é um aplicativo que tenta ajudar as pessoas a pouparem por impulso. Suponha que, em um determinado dia, em vez de tomar um táxi ou pegar um Uber, você prefira ir até um local caminhando ou de ônibus. Certamente seu gasto será menor. Que tal poupar imediatamente a diferença economizada?

O Impulse Saver entra aí, fazendo com que as pessoas poupem por impulso. O aplicativo tem um botão vermelho com qual é possível fazer com muita facilidade a transferência de determinado valor para um investimento de baixíssimo risco.

O conceito de poupar por impulso não é trivial — consumir por impulso é. É importante destacar que de nada adianta enviar os recursos para um investimento se a pessoa — neste caso, o usuário do aplicativo — continuar gastando em níveis superiores à sua renda, pois os recursos poupados precisarão ser resgatados para cobrir a diferença.

Pavlok

Se o controle financeiro por meio de aplicativos não estiver ajudando, um *wearable* (uma tecnologia que pode ser utilizada como um

FINANÇAS COMPORTAMENTAIS E ARQUITETURA DE ESCOLHAS

acessório ou uma peça de roupa) pode contribuir bastante com a dor de pagar (*"pain of paying"*).

O Pavlok é uma pulseira conectada à conta bancária dos usuários que pode ser parametrizada para emitir pequenos alertas, como uma vibração, quando não estamos nos comportando financeiramente conforme o planejado.

O mais interessante é que, quando gastamos além do que parametrizamos, a pulseira não serve apenas como um sinalizador de mau comportamento, mas também como uma punição: dependendo do nível de gastos, o Pavlok dá choques no usuário.

E o nome "Pavlok" não é por acaso: trata-se de um trocadilho com o sobrenome de Ivan Pavlov, um dos primeiros cientistas a estudar sobre o condicionamento humano.

Por enquanto, essa solução desenvolvida pela Intelligent Environments não está disponível no Brasil.

eCred Serasa

Thaler e Sunstein com frequência defendem que, às vezes, o simples fato de disponibilizar informações pode guiar um indivíduo a tomar decisões mais apropriadas. Por isso, para problemas em que há assimetria de informações que podem prejudicar o consumidor, eles sugerem o uso do que chamam de **RECAP**, uma sigla que significa *Record, Evaluate and Compare Alternative Prices* (Registre, Avalie e Compare Preços Alternativos).

Uma iniciativa que segue essa ideia é o eCred Serasa. Por meio dele, é possível consultar a disponibilidade de crédito em diversos bancos simultaneamente e verificar qual é a melhor alternativa disponível, conforme sua classificação de crédito.

Assim, por meio do aplicativo, é possível facilitar o acesso ao crédito para pessoas menos favorecidas, ao mesmo tempo que protege o consumidor de informações de difícil interpretação, que poderiam prejudicar a qualidade da tomada de decisão.

Cabe apontar que, apesar da boa iniciativa pelo lado da informação, a ausência de alertas sobre o risco financeiro do uso inadequado de crédito pode gerar outro tipo de problema futuro.

CAPÍTULO 8

METODOLOGIAS APLICADAS A NEGÓCIOS

Naturalmente, as ciências comportamentais nasceram e se desenvolveram no ambiente acadêmico e, portanto, a maioria das práticas e metodologias foram aplicadas em um contexto mais controlado.

Porém, essa não é a vivência que nós, Martin e Gabriel, tivemos ao longo de nossas trajetórias. Na realidade, estamos habituados a aplicações em ambientes mais complexos, onde os testes normalmente têm restrições de tempo ou orçamento, ou estão envolvidos em um contexto maior, como um projeto.

Por outro lado, temos mais de duas décadas de experiência combinadas em um oásis dentro do mundo corporativo: gerência de alocação, oferta de investimentos e economia comportamental, que evoluiu para novos modelos, mais modernos e ágeis, e se expandiu para uma equipe ainda mais abrangente, mas que continua tendo uma premissa extremamente necessária para que possamos praticar nossos testes sem conflitos de interesse: nossas metas e nossos objetivos sempre foram baseados no retorno que agregávamos para o cliente — e não para o negócio.

Devemos essa rara oportunidade a uma visão genuína de centralidade no cliente aplicada no Itaú Unibanco, mas mais ainda aos líderes (em especial Claudio César Sanches e Helcio Tegeda) que captaram a importância dessa isenção há uma década.

Portanto, as sugestões aplicadas aqui são fruto de anos de experimentação, aprendizado e parceria com outras células de negócios, como a de sustentabilidade, a de inovação e a de tecnologia, que permitiram desenvolver práticas sólidas de pesquisa, entendimento do problema e entrega da solução — com olhar atento para as necessidades do cliente —, e, assim, ter uma metodologia em que a aplicação da arquitetura de escolhas e dos *nudges* se dá de forma orgânica.

O primeiro pressuposto de um *nudge* é a preservação da liberdade individual, portanto, ele é sempre um empurrãozinho para uma ação que a pessoa já teria. Mas a chave não é apenas gerar um estímulo emocional que provoque um comportamento, e sim compreender se o contexto é propício para a inserção de um *nudge* e, quando necessário, alterá-lo.

Assim, o desenho de contexto adequado é tão ou mais importante do que o *nudge* para que o comportamento realmente seja impactado.

Brian J. Fogg, pós-doutor pela Universidade de Stanford e fundador do Persuasive Technology Lab, criou o conceito de *behavior design*. A expertise de Brian é criar experiências digitais em sistemas computacionais, um escopo mais reduzido do que a economia comportamental abrange. Entretanto, o Fogg Behavior Model (FBM), modelo proposto por ele, pode ser um interessante primeiro passo para compreender quando os *nudges* são eficazes.

Por meio do FBM, Fogg visa a evidenciar quais são os fatores que influenciam a mudança atitudinal, pois afirma que um comportamento só é possível quando duas condicionantes são atendidas: a **motivação** e a **habilidade**.

Uma pessoa com a capacidade de desempenhar uma tarefa, mas que não tem interesse nela, não a realizará. Por outro lado, mesmo que haja motivação, se não houver habilidade, ela não conseguirá efetivar a ação.

É possível esclarecer os empecilhos relacionados à motivação e à habilidade com dois exemplos cotidianos. Imagine, na primeira situação, um empreendedor digital que quer que os frequentadores de seu site assinem uma *newsletter* para envios de informação por e-mail para, dessa forma, ter um meio de contato mais efetivo e constante com o público potencial.

Nesse caso, os usuários têm a habilidade necessária para a tarefa, uma vez que grande parte das pessoas está familiarizada com as etapas de preencher o e-mail pessoal e, em seguida, clicar em um botão de confirmação.

Porém, é preciso que algo convença o público potencial a querer assinar a *newsletter*, portanto, a subscrição não acontecerá como o esperado se houver ausência de motivação.

Por outro lado, suponha que o mesmo empreendedor tem uma área de acesso restrito em seu site, cujo conteúdo só pode ser consultado por meio de uma identificação do usuário (login) e senha.

A fim de evitar que sejam utilizados robôs programados para invadir sistemas, ele pede que os usuários realizem uma tarefa, que consiste em responder um desafio que prova que o acesso é de um ser humano. Nesse caso, pode ser que alguns usuários motivados não sejam capazes de desempenhá-la corretamente.

FINANÇAS COMPORTAMENTAIS E ARQUITETURA DE ESCOLHAS

Fogg explica que "para que o comportamento ocorra, as pessoas devem ter algum nível não zero de motivação e habilidade. A implicação para os designers é clara: o aumento da motivação nem sempre é a solução. Muitas vezes, a capacidade crescente (tornando o comportamento mais simples) é o caminho para aumentar o desempenho do comportamento".

Em outras palavras, a mensagem de Fogg é a mesma de Ariely: reduzir o atrito pode estimular um comportamento mesmo quando a motivação é baixa.

Além da habilidade e da motivação, o FBM é composto por um terceiro fator: o **indutor** (*"prompt"*).

O indutor é aquilo que de alguma forma envolve o usuário para realizar uma tarefa. Deve ser convidativo — uma mensagem que estimula uma ação que poderia estar dormente, apesar da motivação e da habilidade.

Por exemplo, suponha que uma pessoa esteja motivada a iniciar um programa de treinos físicos e tenha contratado o plano de uma academia de ginástica.

Como sabemos, as escolhas intertemporais fazem com que haja uma inversão em nossas preferências ao longo do tempo, portanto, no dia em que fazemos a matrícula na academia, acreditamos em nossa força de vontade para iniciar o treino na segunda-feira seguinte. Porém, quando a data de início realmente chega, nossa intenção pode ser minada.

Se o treino acontecer pela manhã, podemos optar por dormir um pouco mais, ou permanecer sob as cobertas para fugir do frio. Já se o treino for à noite, uma jornada de trabalho fatigante pode nos tirar a vontade de malhar.

O indutor é algo que incentivaria o comportamento positivo, impedindo que os atritos inviabilizem a ação. Fogg afirma que ele precisa ter três características: primeiro, o indutor precisa ser notado; segundo, precisamos associar o indutor ao comportamento desejado; terceiro, ele precisa ser ativado no momento certo. "Esse último aspecto — *timing* — é frequentemente o elemento perdido na mudança de comportamento", afirma Fogg.

Voltando ao exemplo da academia, o indutor pode ser um persistente alarme para nos acordar pela manhã, apesar do sono e do frio, ou um amigo que insiste para irmos à academia, apesar do dia difícil no trabalho.

Porém, se o alarme tocar cedo demais, podemos nos propor mais alguns minutos de sono, que possivelmente se estenderão. E se tocar tarde demais, a falta de tempo nos fará rejeitar o treino do dia.

Da mesma forma, a insistência de um amigo dificilmente superará o convincente aconchego do sofá, se já estivermos confortáveis em casa. Portanto, o momento em que se dá o convite é crucial para a decisão de ir ou não à academia.

Ou seja, para que um estímulo gere resultado, são necessários motivação, habilidade e um indutor que favoreça a atitude positiva.

Os indutores são subdivididos por Fogg em três tipos: as **centelhas**, os **facilitadores** e os **sinais**.

Enquanto o primeiro tipo — as centelhas — é voltado a fornecer algo que aumente a motivação do indivíduo, o segundo visa a aumentar a habilidade (reduzir o atrito) — são os facilitadores. Já o terceiro indutor — os sinais — busca servir como um lembrete do comportamento a ser adotado, quando a motivação e a habilidade já são altas (Thaler e Sunstein também defendem o poder dos lembretes para ajudar a adquirir um novo hábito).

O FBM propõe que, quando há alta motivação, é possível estimular comportamentos que exijam tarefas (habilidades) sofisticadas. Ao mesmo tempo, o fato de as atividades serem de simples execução pode gerar a adesão de mais pessoas, mesmo que tenham baixa motivação.

Porém, a informação mais importante é aquela que Fogg chama de **linha de ação**. Ela indica que a baixa motivação e a dificuldade da ação podem inviabilizar o efeito dos indutores, ao mesmo tempo que acréscimos na motivação e/ou melhorias que facilitem a ação tornam o indutor cada vez mais propício.

Os *nudges* e a arquitetura de escolhas funcionam justamente como alavancas que propiciam uma elevação da motivação ou da habilidade, gerando uma reação previsível em prol do comportamento que se quer influenciar.

Existem muitos exemplos de aplicações práticas da arquitetura de escolhas e do desenho de contexto — algumas mais elaboradas e outras bastante simples. Um dos principais e mais bem-sucedidos exemplos é o Save More Tomorrow, já mencionado.

O projeto encontrou sucesso por ter sido construído com o conhecimento de que muitos participantes de planos previdenciários nos Estados Unidos nunca aumentam suas contribuições, apesar de acharem que devem poupar mais — além do desconto intertemporal, que nos faz priorizar benefícios menores no presente em contrapartida a ganhos maiores no futuro.

Porém, a grande epifania foi perceber que, quando se remove o efeito que o momento presente causa sobre as decisões, nós conseguimos considerar o que é melhor para nós antes de "bater o martelo". Um bom exemplo disso é um estudo recente sobre o hábito de compras de alimentos online: se há uma opção para entrega no dia seguinte, as pessoas compram muito mais sorvete e menos vegetais do que quando a entrega está prevista para a outra semana.

Sabendo disso, Shlomo Benartzi e Richard Thaler construíram o Save More Tomorrow convidando os participantes a aumentarem suas contribuições futuramente, acompanhando seus aumentos de salário. Essa estratégia, além de ser eficaz contra o imediatismo, também ajuda a combater outro viés, a **aversão a perdas.**

Nos primeiros testes, a intervenção teve uma adesão de 78% dos participantes que haviam se recusado a aumentar imediatamente sua contribuição em 5% do salário.

O governo do Reino Unido também se interessou pelo poder das técnicas de finanças comportamentais e criou o Behavioural Insights Team, uma equipe dedicada à aplicação de ciências comportamentais a problemas de políticas públicas, tentando evitar que leis restritivas ou projetos complexos e caros fossem implementados. Um interessante exemplo do poder de pequenos indutores vem justamente dessa equipe e foi apresentado por Simon Ruda, diretor de assuntos internos e programas internacionais do Behavioural Insights Team, durante a Conferência de Ciências Comportamentais e Educação do Investidor de 2015, organizada pela Comissão de Valores Mobiliários (CVM).

O governo britânico lidava com mais de 1 milhão de pessoas atrasando o pagamento de impostos, e a equipe foi chamada para avaliar como reverter a situação. Aproveitando a carta padronizada que já era enviada a todos os inadimplentes, diversos testes foram realizados, como de praxe, criando mensagens diferentes e avaliando os resultados, até que uma versão foi escolhida para a ação — uma carta muito parecida com a original, contendo apenas uma frase a mais: "9 entre 10 pessoas pagam seus impostos em dia".

FINANÇAS COMPORTAMENTAIS E ARQUITETURA DE ESCOLHAS

O resultado foi avassalador: um aumento de US$320 milhões na arrecadação em um ano, enquanto o custo para modificar o texto em um documento que já seria enviado de qualquer forma foi virtualmente zero.

Seja qual for a abrangência da intervenção que se quer fazer, algumas metodologias podem facilitar sua concepção, estruturação e implementação.

Etapas básicas

Já está evidente que implementar ações que propiciem mudanças efetivas de comportamento não é uma tarefa trivial.

A condição *sine qua non* para que uma intervenção seja bem-sucedida é o extenso conhecimento do perfil do usuário, o que engloba seu comportamento e suas crenças (que podem ser limitadoras), os vieses e as heurísticas que estão influenciando sua tomada de decisão, e o entendimento de todo o contexto em que esse indivíduo está inserido, de forma a reconhecer como ele o interpreta e o vivencia.

Assim, para se chegar a constatações tão aprofundadas, é necessário adotar alguma metodologia que permita realizar o diagnóstico de maneira estruturada. Independentemente do método a ser adotado e das técnicas para exploração, alguns passos se fazem obrigatórios.

Definir o problema

Como disse William Shakespeare, "todos os caminhos estão errados quando você não sabe aonde quer chegar". Essa máxima traduz por que o primeiro passo de qualquer projeto sempre é identificar o problema que precisa ser resolvido. Sem entender qual é o propósito da intervenção que será proposta, qualquer resultado será medíocre, pois não conseguirá atacar os reais obstáculos — especialmente quando não se sabe qual é a grande adversidade.

Alguns exemplos de desafios comuns enfrentados pela comunidade que pratica a economia comportamental são a baixa poupança da população, o uso desenfreado de produtos de crédito, o endividamento excessivo e a ausência de educação financeira (há baixo interesse pelo tema na vida adulta e dificuldade na implantação de programas em escolas de ensino fundamental e médio).

Todos esses são temas que abarcam muitas possíveis causas-raiz, um sem-fim de vieses e heurísticas que servem como combustível e inúmeras melhorias na arquitetura de escolhas, seja por uma visão de complexidade, por conflitos de interesse entre os agentes, por assimetria de informações etc.

Então procure ter clareza sobre o problema que pretende resolver. Determine um escopo de atuação focado o suficiente para que seja minimamente controlado, mas que ao mesmo tempo apresente um desafio interessante a ser solucionado. Ao final, com um problema bem estabelecido, é possível começar uma avaliação do contexto em que ele está inserido.

Compreender o contexto

Sob uma ótica tão isenta quanto possível, devemos compreender todas as etapas da situação que visamos modificar.

Assim, é importante conhecer quais são os estímulos fornecidos, entender como se dá o processo de tomada de decisão, saber quais fatores podem auxiliar na redução do problema e quais eventualmente estão contribuindo para sua alta incidência e, também, determinar as principais heurísticas e os principais vieses presentes no processo.

Para esse entendimento, pode ser interessante elaborar um fluxo com todas as etapas pelas quais o sujeito daquela ação passa. Em cada uma das etapas, encontraremos estímulos que podem ser favoráveis ou contrários a uma boa decisão e que podem servir de barreiras (gerando atrito) para chegar à próxima etapa.

Identificar essas barreiras ajudará a melhorar o desenho do contexto e a mapear quais influências, heurísticas e vieses afetam os indivíduos no momento em questão. É possível também, sob uma ótica inversa, determinar quais comportamentos devem ser estimulados e quais devem ser combatidos, a depender do diagnóstico.

O detalhamento dessa etapa é essencial para a definição das intervenções que virão a seguir.

Identificar melhorias no contexto e potenciais *nudges*

Uma vez que podemos aumentar a aderência a um estímulo simplesmente tornando a tarefa mais fácil, esse é o primeiro passo que deve ser adotado em benefício do desenho de contexto.

Existem etapas do processo que estão reduzindo o engajamento? Ou momentos-chave em que o público desiste do processo? As informações estão sendo passadas da forma mais clara possível? Existe alguma etapa da jornada que não é realizada corretamente por falta de entendimento?

Todos os fatores mapeados que estejam impactando essas perguntas devem ser removidos (quando possível) ou mitigados (quando não), de maneira a simplificar a experiência e evitar que dificuldades de execução impeçam a adoção de um bom comportamento.

Após se certificar de que o processo serve adequadamente ao propósito da intervenção, é possível explorar os vieses e as heurísticas identificados na etapa de diagnóstico para aumentar a motivação dos usuários no caminho adequado.

Por isso, paralelamente, é possível verificar se há estímulos à motivação dos indivíduos que podem ser incluídos no contexto, avaliando onde os efeitos de enquadramento, a influência social, o *priming*, as demonstrações numéricas e todo o arsenal disponível de técnicas poderiam ser implantados de maneira a favorecer a experiência criada.

Definir e testar hipóteses

Se você tem a veia do cientista comportamental, deveria perceber os testes como etapas recorrentes para eliminar qualquer tipo de subjetividade que as conclusões não embasadas podem trazer.

É relativamente fácil listar vieses e heurísticas que explicam o porquê de uma atitude, mas será que eles realmente estão afetando o usuário naquele momento, ou estamos apenas racionalizando para encontrar uma coerência narrativa?

Assim, sempre que possível, é importante buscar maneiras de validar nossas suposições — o que consequentemente torna essencial uma boa definição de hipóteses.

Basicamente, qualquer observação que fazemos pode se tornar algo a ser validado: uma possível falha na maneira como a informação é transmitida, um *layout* confuso, uma heurística que se sobressai... Qualquer elemento que, em um primeiro momento, acreditamos estar afetando o resultado pode ser transformado em uma dúvida a ser respondida: "Se eu aumentar a clareza do texto, mais pessoas aderirão?", "Se mudar a disposição dos elementos da tela, ficará mais fácil navegar?", e assim por diante.

A definição da maneira de testar a hipótese também é muito relevante, especialmente quando há limitação de tempo ou de orçamento.

Quando a solução que será construída demanda muito esforço, é importante antecipar ao máximo as pesquisas e os testes, para ter o conforto de uma decisão mais assertiva. Nesse caso, é comum fazer uso de entrevistas, grupos focais, pesquisas em formato de questionário, testes com usuários, entre outros. Dessa maneira, com baixo esforço, é possível validar se as hipóteses realmente serão endereçadas para a solução proposta.

Por outro lado, quando já se tem um contexto consolidado e as intervenções são menores, muitas vezes o custo de aplicar uma pesquisa e o risco de que esta seja inconclusiva tornam mais viável a execução de testes já em produção, ou seja, no ambiente verdadeiro e com o público real.

Nessas situações, é possível lançar mão dos famosos **testes AB**. Nesse tipo de experimento, a avaliação da eficácia de uma intervenção é obtida variável por variável, o que favorece a identificação de quais *nudges* ou mudanças no desenho de contexto são mais efetivos, possibilitando até mesmo a comparação entre o resultado das ações realizadas.

Qualquer pequena alteração, nesse caso, deve ser considerada uma variável, e, portanto, a execução deve ser cuidadosa, para que realmente se saiba o que está influenciando os indivíduos.

Por exemplo, se sua intervenção for realizada por meio de um disparo de e-mail, o horário de envio pode ser uma variável relevante e deve ser levada em consideração se não for o objeto do teste.

Cores, imagens, textos, canais de comunicação, hora, alternativas oferecidas, formatos de gráficos, placas de sinalização, alertas sonoros, mudanças no design de um produto... tudo isso e mais uma infinidade de elementos pode ser visto como variáveis, dependendo da intervenção proposta. Portanto, a primeira coisa que os organizadores do estudo precisam fazer é escolher apenas um deles para ser o objeto do teste AB.

Após escolher a variável, é importante compreender que tipo de métrica será utilizada — o que depende, claramente, do objetivo inicial do teste. Por exemplo, se queremos aumentar a adesão em planos de previdência corporativos, a métrica pode ser de novos participantes; se desejamos diminuir a recorrência do uso do cheque especial para determinado tipo de público, podemos medir a frequência média mensal de uso do cheque especial. Já para provocar uma melhor reflexão na escolha de um empréstimo pessoal, uma boa opção é medir o custo efetivo total médio contratado pelos usuários.

Por último, para conseguir avaliar os resultados, os organizadores devem responder a mais uma dúvida: com que dados esses resultados serão comparados?

O ideal, nesses casos, é ter sempre um grupo de controle, que é um público que não receberá a intervenção (ou receberá a versão original do estímulo, sem a inclusão da hipótese que está sendo testada). Dessa maneira, é possível mensurar a efetividade do teste.

Mas tenha sempre o cuidado de escolher públicos similares em cada uma de suas amostras de teste. Questões como gênero, região, escolaridade, raça, poder aquisitivo, entre outras, podem modificar o processo de decisão. Se suas amostras forem pequenas, tente fazer com que os grupos que receberão o teste e o grupo de controle sejam o mais homogêneos o possível. Caso sua amostra seja grande o suficiente, a própria aleatoriedade favorecerá uma comparação mais neutra.

FINANÇAS COMPORTAMENTAIS E ARQUITETURA DE ESCOLHAS

Por fim, tenha sempre em mente que qualquer resultado amostral não reflete uma verdade absoluta.

A quem interessa a produção de artigos acadêmicos, naturalmente serão exigidas métricas de significância estatística. No mundo corporativo, dificilmente esse tipo de análise será cobrado, mas se uma intervenção ou pesquisa indicar uma direção arriscada, essas métricas podem trazer algum conforto adicional.[1]

Projetar e prototipar a solução

Após identificar todos os fatores que poderão ser incluídos no processo e todos os elementos que deveriam ser removidos ou mitigados, chega o momento de redesenhar o contexto à luz do complexo diagnóstico feito até então.

Tratando-se de um tipo de técnica que busca utilizar conhecimento concreto, é importante testar as mudanças que estão sendo propostas em um ambiente controlado antes de escalar a solução. Para isso, a prototipação e os testes com usuários são muito bem-vindos, pois permitem identificar possíveis falhas nas melhorias sugeridas antes de uma implantação que pode gerar custos mais elevados e dificultar ajustes posteriores.

Implantação e acompanhamento

Após validar que os conceitos propostos estão aderentes ao objetivo, chega o momento de dar escala à implantação, sempre com o cuidado de acompanhar os resultados do experimento e, assim,

---

1   Se for o seu caso, o site Survey Monkey disponibiliza uma calculadora no endereço digital https://pt.surveymonkey.com/mp/sample-size-calculator/, que indica qual seria o tamanho ideal da amostra de pessoas para que seus resultados atinjam um determinado intervalo de confiança e uma determinada margem de erro.

propiciar o refinamento dos pontos que ainda não atingiram sua melhor forma de apresentação e utilização.

Design thinking

Existe um sem-fim de metodologias, técnicas e abordagens de negócios que visam a ajudar na construção de soluções para problemas. Duas delas chamam a atenção por fornecerem insights preciosos sobre como diagnosticar as melhorias necessárias em um produto, serviço ou experiência, buscando a solução de maneira a evitar erros caros e aproveitando feedbacks contínuos durante o processo, usando, além da empatia, a percepção e a participação dos próprios usuários para a construção do resultado.

A primeira delas é o *design thinking*, termo originado no ramo de arquitetura e urbanismo, mas difundido nos últimos anos especialmente por Tim Brown e pela Ideo — empresa da qual é CEO (*chief executive officer*) — como uma forma de pensar para conceber ideias inovadoras.

A Ideo surgiu em 1991 com a fusão entre a David Kelley Design, que criou o primeiro mouse da Apple Computer, e a ID Two, que desenhou o primeiro computador portátil, ambos em 1982. Inicialmente, as duas se concentravam em trabalhos de design tradicional para empresas, até que passaram a construir soluções diferentes, como a reestruturação organizacional de uma empresa de saúde e a criação de ambientes de aprendizagem para uma universidade que diferiam das salas de aulas tradicionais. Segundo Brown, esse tipo de trabalho levou a Ideo do design de produtos de consumo à projetação de experiências de consumidores.

O *design thinking* é um conjunto de práticas e processos que permitem enxergar os problemas sob uma nova ótica. Para isso, há inúmeras técnicas que podem ser utilizadas com a finalidade de colher informações, analisá-las e propor soluções que fujam do pensamento convencional, dando liberdade às ideias ousadas. Porém, algo comum a qualquer abordagem que seja selecionada é o foco na experiência do consumidor, com uma busca incessante por entender como ele se comporta e interage no contexto que está sendo avaliado e quais etapas não estão sendo plenamente atendidas, para propor soluções com base nas necessidades dos usuários. Inclusive, uma característica crucial do *design thinking* é a participação dos usuários na criação de projetos e soluções.

A metodologia atende a três requisitos concomitantes: construir soluções que sejam 1) desejáveis para os usuários, 2) possíveis de executar tecnicamente e 3) viáveis economicamente. Por isso, o *design thinking* serve como uma ferramenta de negócios que pode complementar as proposições do arquiteto de escolhas.

O método é dividido em quatro etapas: **imersão, ideação, prototipação** e **desenvolvimento**. Os passos se intercalam em momentos de divergência e convergência, até chegar à solução final.

Durante a imersão, a preocupação é compreender todo o contexto do problema que será solucionado. Portanto, no caso de um desenvolvimento de produto, o importante é identificar as características dos potenciais usuários e as diferentes formas como se comportam, mesmo aquelas que podem ser consideradas atípicas, como, por exemplo, pessoas que usam o produto em uma tarefa diferente daquela a que ele se destina originalmente.

Essa observação livre de julgamentos gera muitos insights sobre as possíveis dificuldades encontradas na utilização do produto. A etapa de imersão, portanto, é o primeiro momento de divergir e levantar livremente todos os problemas, casos de uso e situações que forem possíveis.

Com tantas informações, chega o momento de um grande *brainstorming*, quando todos podem expor livremente suas ideias — por mais absurdas que pareçam. Para isso, é importante haver um ambiente livre de julgamentos, onde todos possam dar suas opiniões sem sofrer qualquer constrangimento.

Há uma anedota que ilustra muito bem esse espírito de pensamento. Conta-se que uma companhia de energia elétrica buscava soluções para os invernos congelantes, quando a neve se acumulava sobre as linhas de transmissão e causava quedas de energia com frequência. Para evitar o problema, era necessário que uma equipe de técnicos percorresse as linhas removendo o gelo, o que gerava muitos custos e riscos. Durante o *brainstorming*, alguém teria se dado conta de que a região era populada por ursos e que estes poderiam ser usados como força de trabalho. Se eles tentassem subir nos postes, balançariam os fios e derrubariam a neve.

A ideia (absurda) foi encorajada, e a equipe começou a discutir como poderia ser colocada em prática. Sugeriu-se que os ursos fossem atraídos por alimentos, e alguém cogitou que o mel poderia ser uma boa opção. Mas como seria possível dispor a comida de forma a atrair os ursos e, ainda assim, reduzir o custo? Um helicóptero, alguém sugeriu, poderia ser usado para pulverizar mel ao longo do caminho percorrido pelos fios.

O cenário todo parecia absurdo: um helicóptero passando, mel sendo dispersado pelo céu e ursos alucinados balançando postes. Porém, havia algo muito simples que poderia ser posto em prática para resolver o problema dos fios congelados: se um piloto de helicóptero de fato percorresse o caminho dos fios a uma altura relativamente baixa, o próprio movimento das hélices geraria força o suficiente para dispersar a neve. Um helicóptero poderia percorrer uma distância muito maior do que um técnico em um dia de trabalho e teria uma eficácia elevada.

FINANÇAS COMPORTAMENTAIS E ARQUITETURA DE ESCOLHAS

A historieta do helicóptero de mel serve como um bom resumo da fase de ideação: por meio das mais absurdas ideias e sugestões vão se filtrando soluções que parecem mais promissoras sob a ótica da utilização do cliente, da capacidade de implantação e da viabilidade econômica; assim, essa fase de convergência solidifica aquilo que será construído na próxima etapa: o protótipo.

A fase de prototipação é mais uma fase de divergência. Nela, já se sabe o que se quer construir, mas não se sabe como e nem se será eficaz como se espera. Portanto, é o momento de testar se a solução realmente é aderente ao problema e se os usuários aceitam a ideia proposta. Na fase de prototipação, é importante que o grupo esteja aberto a diversas potenciais soluções, pois muitas vezes há mais de uma forma de construir o mesmo produto. O crivo final é do cliente: por meio de testes com usuários, é possível definir quais das ideias propostas são mais efetivas.

Por sua característica de aplicação de diversas ideias, a prototipação deve ser barata e simples, por isso, os protótipos normalmente são muito básicos, construídos da forma mais prática possível para dar uma contextualização para o usuário. Por exemplo, protótipos de sites normalmente não passam de desenhos das telas, e protótipos de produtos são feitos de papel, papelão, argila, isopor ou qualquer outro material fácil de manipular, mas que possa dar uma ideia geral do produto final. Somente após definir qual solução é mais adequada é que ela vai para desenvolvimento, passando para a última fase e uma nova convergência.

Entre diversos protótipos, pode haver características positivas em diversos deles, e é importante que os designers capturem essas informações para que o produto desenvolvido incorpore os melhores aprendizados, gerando a solução mais aderente às necessidades dos usuários.

Também é importante, após a conclusão do projeto, haver um acompanhamento para identificar melhorias que não foram capturadas anteriormente — é possível até mesmo que os próprios usuários deem interpretações novas ao produto.

A proposição do *design thinking* é construir a solução a partir do usuário, e já há iniciativas com objetivos sociais bem-sucedidas. Um exemplo descrito por Tim Brown e Jocelyn Wyatt é o de uma iniciativa em um vilarejo no Vietnã, onde se reduziu em 45% em um ano a quantidade de crianças mal nutridas graças à imersão no contexto da população, que permitiu a observação do comportamento das famílias que tinham filhos saudáveis, apesar da pobreza. Percebeu-se que essas pessoas tinham costume de incluir pequenos camarões, caranguejos e caramujos dos arrozais na comida, além de fazer diversas refeições menores ao longo do dia, o que permitia às crianças subnutridas aumentar a absorção de nutrientes. Por meio da ideação, chegou-se a ideias como a criação de aulas de culinária que ensinassem os hábitos das famílias mais saudáveis. A ideia foi prototipada e colocada a teste e, após a confirmação dos resultados, foi escalada para mais outros quatorze vilarejos vietnamitas.

Double diamond

O processo do *design thinking* pode ser complementado com o conceito do duplo diamante, o *double diamond*, que tem uma metodologia característica a diversas metodologias do design: uma sucessão de etapas de divergência (ideações, *brainstormings*, proposições...) e convergência (definição do problema, definição da solução que será construída, validação com o usuário...), a fim de chegar à solução final.

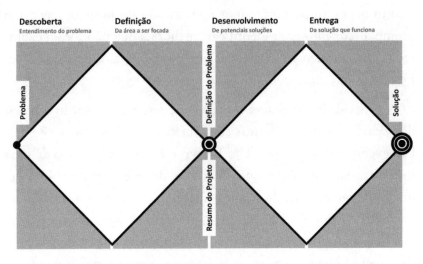

Figura 12 — Etapas do *Double Diamond*

A primeira etapa do *double diamond*, a **descoberta**, é justamente quando os designers tentam compreender o contexto de formas diferentes, abrindo oportunidade para terem ideias novas. Comparando ao *design thinking*, essa etapa abrangeria até o momento de *brainstorming* durante a **ideação**.

A segunda etapa do *double diamond* é a **definição**, quando se tenta encontrar um sentido em tudo o que foi identificado, descobrindo o que importa mais e quais são os pontos a serem atacados pela solução que será construída.

A próxima etapa é o **desenvolvimento**, equivalente à **prototipação** e ao próprio **desenvolvimento** do *design thinking*, em que são criados os conceitos das possíveis soluções. Depois, protótipos são construídos, testados e remodelados com os feedbacks. O processo de tentativa e erro ajuda o designer a refinar suas ideias.

A parte final do *double diamond* é definida pela **entrega**, quando o produto, serviço ou contexto é finalizado, produzido e implantado.

MVP: *mininum viable product* (produto minimamente viável)

Além do *design thinking*, o **MVP** (*minimum viable product*), ou produto minimamente viável, é outro interessante conceito que pode ser explorado pelo arquiteto de escolhas. Essa técnica subverte o pensamento tradicional dos negócios de que é necessário ter a melhor solução possível antes de implementar um projeto.

O MVP é muito utilizado por empresas da área da inovação e está intimamente ligado ao conceito de *lean startup* ("startup enxuta"), metodologia empregada por diversas grandes empresas do setor de tecnologia, como Meta, Foursquare e até mesmo Apple, para validar suas hipóteses na implementação de novos produtos, visando evitar o desperdício de tempo, dinheiro ou recursos.

MVP é uma versão mínima do produto que conta apenas com as funcionalidades necessárias para entregar a proposta de valor da principal ideia do negócio. Assim, é possível lançar um novo produto ou serviço com o menor custo possível, abrindo a possibilidade de testar o modelo antes de fazer grandes investimentos.

Dessa maneira, é possível validar a hipótese inicial do projeto, fazendo ajustes conforme os feedbacks dos usuários e, eventualmente, modificando completamente a rota prevista nas etapas de planejamento. O MVP pode trazer informações importantes sobre a eficiência da solução, a usabilidade, a competitividade e a receptividade do mercado, permitindo que o empreendedor aprimore suas ideias e seu negócio.

Um exemplo interessante de MVP é do site de compras coletivas Groupon. Antes de investir em uma infraestrutura completa e construir um site próprio, os empreendedores iniciaram suas operações em um blog, e enviavam os cupons (elaborados manualmente) em forma de PDF para os clientes. Somente quando o modelo de negócio estava validado é que eles buscaram aprimorá-lo com mais investimentos.

Assim como nas metodologias de inovação, o feedback do usuário é mais uma vez uma etapa essencial. Apesar disso, é importante que o cliente sinta que teve uma experiência completa, mesmo que simples. Ou seja, o MVP **não é** apenas entregar o mínimo ao cliente, mas sim entregar **o mínimo que possa gerar o principal valor** que ele espera — o que futuramente será complementado com outras melhorias.

O MVP pode ser utilizado pelo arquiteto de escolhas para duas finalidades: primeiro, validar se uma proposta de desenho de contexto realmente agrega valor para os usuários e se deve haver investimento nela. Segundo — em arquiteturas de escolhas complexas —, ajudar a identificar quais soluções priorizar e, mais do que isso, facilitar uma implementação em etapas, de maneira que a experiência vá sendo aprimorada ao longo do tempo, sempre com o acompanhamento próximo dos usuários e a escuta atenta de seus feedbacks.

CAPÍTULO 9

TECNOLOGIA E FINANÇAS COMPORTAMENTAIS

A ascensão da internet e a criação dos smartphones abriu um horizonte ilimitado de oportunidades que a economia comportamental pode explorar. Isso porque uma parte muito relevante da população tem esses aparelhos e pode, por meio deles, obter ferramentas que os ajudem a realizar melhores escolhas em todos os âmbitos da vida.

Segundo a consultoria Strategy Analytics, há 3,95 bilhões de usuários de smartphones no mundo, de um total de 8 bilhões de habitantes — ou seja, metade da população tem um desses aparelhos. No Brasil, estima-se que sejam cerca de 109 milhões de usuários.

Com toda essa disponibilidade, há cada vez mais iniciativas que se propõem a influenciar o comportamento humano. Um exemplo interessante é o stickK — já mencionado no Capítulo 7 –, que é uma solução construída com base nas finanças comportamentais.

Por isso, ele explora os vieses e comportamentos humanos de forma proposital e intrínseca ao projeto.

Por outro lado, o mercado financeiro vem acompanhando o surgimento de diversas startups que buscam solucionar problemas tradicionais e que podem servir muito bem ao propósito de melhorar a qualidade das escolhas da população.

Boa parte desse atual foco nas necessidades humanas advém do conceito de experiência do usuário, ou *user experience*. O termo, cunhado por Donald Norman em 1990, tem sido muito confundido com um design amigável e uma boa interface digital, mas, na verdade, é muito mais abrangente.

User experience diz respeito à forma como as pessoas se sentem durante toda a jornada de utilização de um produto ou serviço, físico ou digital. Uma boa navegação na internet ou no aplicativo certamente conta muito para isso, mas é apenas uma parte do processo.

Por exemplo, ao acessar um site de compras online, a boa navegabilidade, a facilidade em encontrar os produtos buscados, uma tela amigável e um processo de compra simples fazem parte da *user experience*, tanto quanto o cumprimento do prazo de entrega, o produto chegar em condições adequadas de utilização e, caso seja necessário, até mesmo o atendimento pós-compra.

"A verdadeira experiência do usuário vai muito além de dar aos clientes o que eles dizem querer, ou fornecer uma checklist de recursos. Para alcançar uma experiência de usuário de alta qualidade nas ofertas de uma empresa, deve haver uma fusão contínua dos serviços de várias disciplinas, incluindo engenharia, marketing, design gráfico e industrial e design de interface", dizem Norman e Nielsen, fundadores do Nielsen Norman Group, uma renomada consultoria sobre o assunto.

A economia comportamental e as finanças comportamentais deveriam ser incluídas na lista de capacidades multidisciplinares importantes para a *user experience*, por suas capacidades de atuar em defesa do usuário e conduzi-lo para melhores escolhas.

Fintechs

A expressão *fintech*, uma aglutinação das palavras que compõem o termo *"financial technology"*, é utilizada para se referir às startups que estão inseridas no ramo financeiro, seja competindo com bancos, concessionárias de crédito, corretoras e distribuidoras de valores mobiliários ou seguradoras.

O segmento é muito promissor e vem desafiando as companhias tradicionais, tanto que, segundo a consultoria Médici!, uma das principais consultorias para o setor de *fintechs* do mundo, o setor registrou 170% de crescimento em 2021, com investimentos que somaram US$121,6 bilhões.

Algumas soluções propostas pelas *fintechs* têm grande apelo às finanças comportamentais, seja por aplicarem alguns *nudges* — intencionalmente ou não —, seja por criarem experiências completas em que a arquitetura de escolhas se torna bastante simplificada.

No Brasil, estima-se que haja 1.264 *fintechs* no momento. A seguir, conheça dois exemplos que adotam, intencionalmente ou não, soluções que endereçam problemas financeiros reais e exploram heurísticas e vieses do usuário.

Youse

Entre as *fintechs* (startups do ramo financeiro), existe um grupo mais específico, as *insurtechs*, startups do ramo de seguros (*"insurance"*, em inglês).

Avaliar uma proposta de seguro, verificar se ela está adequada e escolher a melhor opção é, possivelmente, uma das tarefas mais desafiadoras para uma pessoa, pois vários vieses afetam a escolha.

Enquanto a **heurística de disponibilidade** nos induz a superestimar ou subestimar probabilidades, nossa **aversão a perdas** é fortemente atacada ao pensar na perda de um bem ou prêmio, caso o seguro não seja usado. Além disso, muitas vezes há uma falsa **ilusão de controle**, que traz uma sensação de que "isso não vai acontecer comigo".

Por isso, o ramo de seguros é um dos mais impactados pelo modo como as pessoas avaliam informações e, portanto, um dos que mais podem se beneficiar de melhorias em sua arquitetura de escolhas.

O Youse é uma solução interessante justamente pela maneira simples e lúdica com a qual trata um tema tão complexo.

Por meio de uma experiência online, que em alguns momentos se assemelha a uma conversa e em outros explora soluções visuais, além de técnicas de gamificação, o Youse consegue tornar a experiência do usuário algo simples, claro e prático.

Nesse caso, trata-se de uma iniciativa privada, cujo objetivo é reduzir os atritos no processo de compra, buscando, assim, aumentar as vendas. Porém, as ideias e soluções adotadas pela *fintech* poderiam ser futuramente exploradas em prol do consumidor.

GuiaBolso

Apesar de ter sido recentemente adquirido e descontinuado pelo PicPay, o GuiaBolso é um divisor de águas na experiência de gestão financeira por celular. É um aplicativo para controle financeiro que permite que os usuários conectem contas de diversos bancos, ajudando a evidenciar sua real situação financeira, favorecendo diagnósticos que estimulem uma mudança de comportamento.

Ou seja, há uma enorme redução do atrito em relação à forma tradicional de controle financeiro, que consiste em anotar todos os gastos e receitas e fazer um balanço em uma ferramenta como o Excel, ou até mesmo manualmente.

As soluções gráficas do GuiaBolso não fogem das demonstrações mais tradicionais, classificando os gastos por critérios como alimentação, vestuário etc. Porém, uma funcionalidade atua como um forte *nudge* para a mudança de comportamento: uma classificação em pontos que demonstra como estamos em relação aos outros usuários do aplicativo (***peer effect***).

Apesar de não deixar claro como cada critério afeta o resultado, o aplicativo informa quais fatores oferecem a oportunidade de melhorarmos nossa capacidade financeira, com o objetivo de aumentarmos a pontuação e superarmos os demais usuários.

Os critérios são:

1. Fluxo de caixa, medindo se entrou mais dinheiro na conta do que saiu ou vice-versa.

2. Utilização do cheque especial, avaliando se foi necessário usar o recurso ao longo do mês.

3. Investimentos, avaliando a quantidade de aplicações financeiras realizadas.

FINANÇAS COMPORTAMENTAIS E ARQUITETURA DE ESCOLHAS

Ou seja, o usuário pode reduzir seus gastos para evitar um fluxo de caixa negativo, reorganizar suas finanças para não pagar o cheque especial e, também, investir dinheiro ao longo do mês.

Tudo isso contribui para um feedback rápido (um dos pontos da arquitetura de escolhas destacado por Thaler e Sunstein), fornecido pela pontuação no GuiaBolso, e também para uma vida financeira mais saudável no futuro.

Robôs *advisors*

Os vieses dos investidores são inúmeros e afetam de diversas maneiras nossa tomada de decisão.

Primeiramente, nossas preferências não são constantes e se alteram em decorrência da aversão a perdas, quando assumimos mais risco para tentar compensar um prejuízo e permanecemos conservadores para proteger aquilo que ganhamos.

Depois, para escolher em quais ativos investiremos, podemos ser tomados por um excesso de confiança que nos faça assumir riscos desproporcionais.

Podemos, ainda, avaliar mal os preços, ficando ancorados a alguns números irreais que nos prejudicarão no momento de realizar uma compra ou de nos desfazer dos papéis.

Seja pelo viés de disponibilidade, seja pelo efeito manada, podemos ficar suscetíveis a escolher o "investimento do momento", mesmo que não haja mais oportunidades ou que aquela opção não seja adequada para nós.

Ou, do lado oposto, a inércia pode fazer com que não revisemos nossos investimentos por anos, mantendo posições ruins por muito mais tempo do que seria recomendável.

Tecnologia e finanças comportamentais

Esses são apenas alguns dos vieses a que estamos sujeitos e uma amostra da complexidade que é tomar decisões sobre investimentos, especialmente sendo leigo no assunto.

Os robôs *advisors* surgiram para suprir essas lacunas, oferecendo planos de investimento que consideram o perfil do investidor, seus objetivos e o prazo que eles têm para acontecer.

As metodologias de análise e investimento dos robôs *advisors* não são inovadoras. Utilizam-se principalmente da teoria moderna do portfólio de Markowitz, que é o preceito básico de otimização de carteiras de qualquer especialista em investimentos. Porém, no que diz respeito à experiência de investir e à assertividade da comunicação, tais *fintechs* têm muito a contribuir para o mercado financeiro, pois permitem que pessoas leigas ou com pouco acesso a soluções de investimentos mais sofisticadas possam ter portfólios bem diversificados, de acordo com sua capacidade de aceitar riscos.

No Brasil, os principais representantes desse mercado são a Vérios, a Magnetis e a Warren, das quais a última se destaca por uma comunicação informal que simula uma conversa para definir conceitos até então mais burocráticos, como a análise do perfil de investidor. Por outro lado, no exterior, o mercado é bastante sofisticado, havendo diversas empresas (entre elas bancos tradicionais) com seus próprios robôs *advisors*, como a Betterment, a Charles Schwab, a Vanguard e a Wealthfront.

Se por um lado a *user experience* pode estimular participantes mais tradicionais a melhorarem a efetividade de suas comunicações e simplificar suas informações, por outro, o modelo de negócios dos robôs *advisors* já vem sendo posto a teste — apesar do pouco tempo de existência desse mercado.

Acontece que, nos Estados Unidos, os robôs *advisors* mais bem-sucedidos não são startups independentes, mas sim parte das ferramentas disponíveis para os clientes de grandes instituições financeiras — como é o caso da Charles Schwab. Ainda assim, esses aplicativos permitem que uma grande parcela da população acesse investimentos diferenciados com menos recursos, provendo mais flexibilidade para o pequeno investidor a um custo muito inferior às alternativas encontradas até então.

Um modelo que aparentemente pode ser mais efetivo é o adotado pela **Personal Capital**, também norte-americana. A empresa oferece um diagnóstico financeiro completo e gratuito com o qual é possível compreender todos os aspectos da vida financeira, não somente os investimentos. A partir desse primeiro diagnóstico, a empresa sugere planos de ação que podem ser adotados pelo usuário.

Por meio da simulação gratuita, a Personal Capital identifica casos específicos em que os serviços pagos de aconselhamento financeiro podem servir como complemento. Dessa maneira, o aplicativo deixa de ser a fonte de renda da companhia, servindo como um primeiro filtro para que tanto o usuário quanto o planejador financeiro identifiquem se há necessidade de um planejamento financeiro completo e pago.

DeFi (*decentralized finance*), criptomoedas, NFTs (*non-fungible token*) e *blockchain*

Se entre criptomoedas e *blockchain* você considera as primeiras mais relevantes para as finanças comportamentais, talvez tenha usado mais uma vez a heurística da disponibilidade.

Apesar das incontáveis valorizações de moedas digitais como Bitcoin, Dogecoin e Ethereum, para a economia comportamental, a questão quanto à negociação dos criptoativos ainda está em entender se os preços estão de fato coerentes ou se a alta especulação pode ser um sinal de bolha, fomentada por vieses como efeito manada, viés de recência, FOMO (*fear of missing out*, ou o receio de não estar por dentro das novidades e tendências), entre outros.

Por outro lado, o *blockchain*, a tecnologia que viabiliza o mercado de criptomoedas, é uma novidade que já apresenta potencial para mudar a aplicação prática das finanças comportamentais.

Os conceitos de criptomoedas e *blockchain* estão intrinsecamente ligados. Enquanto as primeiras são certificados digitais que representam valores monetários, o segundo é o sistema que registra a informação dessas transações. A representação de um ativo dentro do *blockchain* pode ser chamada de *token*.

O diferencial do *blockchain*, em comparação a outros sistemas de registro, é garantir a segurança das transações ao mesmo tempo que elimina o papel de um intermediário para validá-las, permitindo que um contrato seja liquidado somente entre as partes compradora e vendedora, mas de uma forma que se torna extremamente complexo fraudá-lo ou adulterá-lo.

Para que isso aconteça, as informações são armazenadas em blocos de dados, cada qual com sua própria assinatura digital, chamada de *hash*, que é criptografada, garantindo que as informações daquele bloco não foram violadas.

Aprofundando a segurança, a cada vez que um novo bloco é criado, além de sua própria *hash*, ele carrega a *hash* do bloco anterior (o nome *blockchain*, ou "corrente de blocos", tem origem nessa característica). Portanto, para conseguir invadir esse sistema, um hacker precisaria quebrar a criptografia do bloco atual e de todos os seus anteriores, sucessivamente.

A prova de que uma transação foi realizada é a *ledger*, um endereço composto por letras e números que contêm o registro do que foi enviado, em qual quantia e, também, quem são o emissor e o destinatário.

Ou seja, o *blockchain* funciona como um sistema de contabilidade, de forma a validar e tornar público o registro de uma transação.

Outra importante característica desse sistema é que as informações não ficam centralizadas em um servidor ou restritas a uma empresa responsável pela liquidação da transação — elas são compartilhadas entre todos os computadores que fazem parte do sistema.

A criptografia só pode ser decodificada pelo poder de processamento conjunto de todos os computadores dessa rede — o que significa que, se um hacker ousar manipulá-la, ele teria de ter, sozinho, o poder de processamento de pelo menos mais da metade da rede para conseguir adulterar uma parte significativa o suficiente. Assim, o *blockchain* vai se tornando cada vez mais seguro à medida que mais e mais pessoas vêm fazendo parte da rede.

O potencial para as finanças comportamentais é altíssimo. Atualmente, há muitas transações no mercado financeiro que exigem uma cadeia operacional, o que torna o processo muito caro. Tomando como exemplo uma compra de ações, é necessário que o investidor tenha registro em uma corretora, que fará a ordem de compra para a Bolsa, que por sua vez cuidará do registro da operação, e, a partir desse momento, a ação comprada precisará ficar custodiada até que o investidor decida vendê-la e reiniciar o processo junto à sua corretora. O *blockchain*, em algum momento, poderá eliminar todas as etapas intermediárias, permitindo que a compra e venda de ações seja realizada diretamente entre dois usuários do sistema, sem necessidade de intervenção da Bolsa ou de uma corretora (ou com uma intervenção mínima).

Uma evolução natural do *blockchain* são os NFTs, ou *non-fungible tokens*. Enquanto as criptomoedas carregam consigo uma característica fungível — ou seja, se você trocar um Bitcoin por outro, os dois continuarão tendo exatamente o mesmo valor —, os NFTs são registros de itens únicos e irreplicáveis, como, por exemplo, o original de uma obra de arte digital.

O potencial de uso das NFTs é virtualmente infinito. Qualquer elemento poderia ter um registro digital único (não fungível), o que permitiria um sem-fim de transações desburocratizadas e protegidas pelo sistema de *blockchain*. Atualmente já temos exemplos de obras de arte, como a coleção *Bored Ape Yacht Club*; contratos de compra e venda de imóveis; colecionáveis digitais, como um acervo de jogadas realizadas durante os jogos da NBA (National Basketball Association), a liga estadunidense de basquete; e ingressos e memorabilias digitais.

Todo esse arcabouço de protocolos, produtos e aplicativos de finanças em *blockchain* é conhecido pela sigla DeFi, aglutinação de *decentralized finance*, ou finanças descentralizadas.

Apesar de essas transações ainda serem muito influenciadas pelo mercado especulativo, é possível que, no futuro, as finanças descentralizadas permitam a democratização de diversos produtos e serviços financeiros, com redução de custos e simplificação de processos, eliminando etapas de registro e custódia, por exemplo.

Open finance e API (*application programming interface*)

A interface de programação de aplicativos (API, na sigla em inglês) é uma maneira de criar códigos de programação. Sua conceituação é extremamente técnica, e foge do escopo tentar aprofundá-la. Porém, sua finalidade é muito relevante: quando uma empresa constrói softwares, programas, aplicativos e sites, entre outros, com a intenção de que outros desenvolvedores criem produtos associados ao seu serviço, ela pode construir uma API dessa funcionalidade, de forma que essa informação seja conectada àquilo que outros estão desenvolvendo.

Ou seja, uma API é um código de programação pronto que pode ser conectado à programação de outros programas, permitindo usar uma funcionalidade externa.

Um exemplo simples de API são os mapas do Google Maps. Se um criador de sites quiser, ele consegue facilmente incluí-los em sua própria página, exibindo o mapa com uma rota ou com o endereço de determinado local.

Outro exemplo que tem se tornado comum é o login em sites usando uma validação do sistema de identificação de usuários de outra rede, como o Facebook ou o Google. Assim, sem precisar criar uma nova conta, uma pessoa consegue acessar outros sites, como o Spotify, por exemplo.

O desenvolvimento por meio de APIs tem sido difundido com a ascensão das startups, que muitas vezes as utilizam para facilitar a construção de novas soluções ou até mesmo disponibilizam as próprias APIs para que outros empreendedores possam utilizá-las em suas criações.

Para o mercado financeiro, as APIs podem representar uma nova fase, em que empreendedores diversos poderão criar experiências diferentes, muitas vezes com base em suas próprias vivências, e disponibilizar serviços e produtos financeiros de instituições já consolidadas.

O mercado financeiro sempre foi um ramo muito específico e técnico, muitas vezes se afastando das necessidades cotidianas das pessoas. Por meio das APIs, empreendedores com outras especialidades poderiam se aventurar e criar novas soluções, simuladores, ferramentas e tudo o que a criatividade permitir, conectando-as a instituições financeiras já estabelecidas.

Os cientistas comportamentais que tiverem veias mais empreendedoras, por exemplo, em breve poderão colocar suas ideias em prática e aprimorar as soluções já existentes, principalmente se aproveitando do *open finance*, uma tendência mundial que está em fase de adoção no Brasil.

Por meio das APIs, é possível que informações antes restritas a um provedor de serviço financeiro — o seu banco, por exemplo — agora possam ser compartilhadas de maneira segura para toda a rede de empresas e companhias do ramo.

Sob a liderança dos órgãos reguladores, como o Banco Central, a Comissão de Valores Mobiliários, a Superintendência de Seguros e Previdência, e assim por diante, os bancos e corretoras estão iniciando o compartilhamento dessas informações — quando devidamente autorizado pela pessoa proprietária desses dados.

Isso permitirá a evolução de serviços como consolidadores financeiros, ferramentas de diagnóstico, ofertas mais assertivas e toda a sorte de experiências que a criatividade permitir.

Wearable devices

As tecnologias vestíveis ainda não foram totalmente incorporadas ao dia a dia da maioria da população, mas especialmente os relógios inteligentes (*smartwatches*) já começam a se tornar mais presentes na rotina de algumas pessoas.

Conforme essas tecnologias se popularizarem, é possível que se encontrem soluções especialmente voltadas para os indutores propostos por B.J. Fogg.

No ramo da medicina, já há inúmeras soluções validadas, como medidores de pressão e temperatura, sensores de queda e até mesmo alguns casos mais específicos, como aplicadores de insulina.

O Pavlok, aquele aparelho que dá choques em quem gasta dinheiro, talvez seja um exemplo radical do que os *wearable devices* podem proporcionar, mas certamente há boas oportunidades a serem exploradas neste setor.

Metaverso

As experiências imersivas que começam a se tornar viáveis por meio dos óculos de realidade virtual têm um potencial altíssimo de se tornarem ferramentas indispensáveis no arsenal dos economistas comportamentais no futuro.

Desde a educação financeira até a introdução de elementos digitais no mundo real, conforme essa tecnologia for se tornando acessível, há inúmeras oportunidades a serem exploradas.

Imagine ser capaz de realizar intervenções extremamente personalizadas em um ponto de venda como forma de inibir hábitos de consumo desenfreados; ou proporcionar esclarecimentos adicionais sobre uma oferta de crédito; ou ter a possibilidade de visitar imóveis, experimentar roupas e fazer decisões de compra complexas sem gastar com transporte e com muito mais agilidade do que seria possível no mundo real.

Essas são apenas algumas das possibilidades que se tornam viáveis com a evolução da realidade virtual.

Big data e machine learning

A última grande tendência a ser notada é de suma importância para a economia comportamental: o uso de tecnologia robusta de análise de dados e aprendizagem de máquina para identificar clientes e prever comportamentos.

A economia comportamental está reconhecendo que os *nudges*, apesar de extremamente importantes, não podem ser considerados os remédios para todos os problemas econômicos ou de políticas públicas, pois, além de não serem unânimes, podem até mesmo piorar o comportamento de alguns públicos, ocasionando o chamado *backfire effect* (em alusão a um tiro saindo pela culatra).

Ou seja, em geral, os *nudges* buscam melhorar a decisão de grande parte da população, mas nos públicos em que uma intervenção não funciona, o resultado pode ser catastrófico.

Desse modo, a economia comportamental tem buscado maneiras de personalizar mais a experiência e a escolha, de acordo com as necessidades dos indivíduos — e, para essa finalidade, as ciências de dados são cruciais. Especialmente o *big data*, que permite trabalhar com um grande volume de dados, e o *machine learning*, que possibilita a uma máquina reconhecer padrões e tendências e, a partir desse aprendizado inicial, desenvolver padrões novos e mais sofisticados de identificação.

Por exemplo, usando conceitos da psicologia, como o *five factor model* (FFM), já mencionado anteriormente, seria possível determinar padrões de comportamento individuais usando traços como a extroversão (*extraversion*), a conscienciosidade (*conscientiousness*), a amabilidade (*agreeableness*), o neuroticismo ou instabilidade emocional (*neuroticism*) e a abertura para a experiência (*openness to experience*) para determinar que tipo de desenho de contexto seria mais adequado para aquela pessoa especificamente.

É cedo ainda para ver aplicações como essa sendo praticadas, mas não há dúvida de que o futuro da economia comportamental é cada vez mais pessoal.

CONCLUSÃO

Uma imagem é adotada com recorrência quando se trata da economia comportamental: uma ilustração de um cérebro estilizado, formado por inúmeros pontos que representam suas interconexões. Ela reflete a característica exponencial das sinapses, em que uma ligação entre os neurônios cria uma vastidão de novos caminhos, novas ideias, novas formulações.

De fato, a economia comportamental, uma ciência vasta, abarca e dá profundidade a uma enormidade de conhecimentos — psicologia, economia, matemática, marketing, neurociência, design, tecnologia…

Não importa onde esse percurso começou — psicólogos dirão que já se exploravam conhecimentos de psicologia econômica muito antes da economia abraçá-los —, a cada novo conjunto de fundamentos que é introduzido a esse campo, novos caminhos e potenciais são descobertos — da matemática e psicologia de Kahneman e Tversky, chegando ao *nudge* e ao desenho de contexto de Thaler, Ariely e Sustein, e abraçando a neurociência, o neuromarketing, as políticas públicas, a educação financeira e qualquer novo arcabouço de conhecimento que se proponha a agregar. Todos unidos com

FINANÇAS COMPORTAMENTAIS E ARQUITETURA DE ESCOLHAS

um só propósito: proporcionar melhores decisões para os indivíduos e a sociedade, sem se privar da liberdade individual.

Este livro tem a proposta de compilar os fundamentos basilares da economia comportamental e detalhar formas de não os deixar dormentes, explorando-os na prática, na posição profissional em que você estiver.

O que o futuro reserva para essa ciência incrível? Cabe a você, leitor ou leitora, não deixar esses conhecimentos e inspirações acabarem nesta página. Aproveite que o pontapé inicial foi dado e aprofunde seus conhecimentos, buscando as enormes referências que foram mencionadas durante esta leitura.

E não pare por aí: traga também seu arcabouço de conhecimento, suas vivências, para incrementar mais e mais nossas interconexões.

Há muito a ser feito e muitas oportunidades incríveis a serem exploradas! Que você tenha muito sucesso nessa trajetória.

Seja bem-vindo ao grupo.

ATIVIDADES PARA REFLEXÃO

Capítulo 1

Perguntas de fixação

1. Quatro pessoas ligadas a estudos comportamentais foram agraciadas com o Prêmio Nobel. Quais são elas e como os seus trabalhos se diferenciam?
2. O que é *"bounded racionality"*? Ela é diferente de irracionalidade? Por quê?
3. O que é o *Homo economicus*?
4. O que é a hipótese de mercado eficiente (HME)?
5. Por que a hipótese de mercado eficiente (HME) é contrária às finanças comportamentais?
6. Explique por que o artigo de Robert Shiller (1981) evidencia uma falha na hipótese de mercado eficiente.

FINANÇAS COMPORTAMENTAIS E ARQUITETURA DE ESCOLHAS

7. Qual a diferença entre psicologia econômica, economia comportamental e finanças comportamentais?

8. É possível que uma pessoa resolva naturalmente situações usando o sistema 2, enquanto outra as resolvam com o sistema 1?

9. À medida que ganhamos domínio sobre determinado assunto ou determinada atividade, é possível que haja mudança no sistema mais utilizado no assunto em questão?

10. Você se lembra, na sua vida pessoal, de ter tomado alguma decisão com o sistema 1 quando a melhor alternativa era tomá-la com o sistema 2?

11. Como podemos fazer com que alguma decisão que é instintivamente tomada pelo sistema 1 passe a ser tomada pelo sistema 2?

Atividade extra

Pesquise sobre o paradoxo de Allais. O que é? Ele tem alguma relação com as finanças comportamentais? Caso afirmativo, qual a relação?

Capítulo 2

Perguntas de fixação

1. O que é *behavioral gap*? Quais são as causas de sua existência?

2. Discorra sobre a frase "a diversificação é o único almoço grátis".

3. Qual a diferença entre aversão a riscos e aversão a perdas?

4. Explique a função de valor (VF) e a função de ponderação de probabilidades (PWF) da teoria da perspectiva.

5. O que é *myopic loss aversion*?

6. Relacione a dificuldade de lidar com probabilidades com a função de ponderação de probabilidades da teoria da perspectiva.

Atividade extra

Que tipo de investimento poderia ser criado para combater o problema da miopia? Pense em suas características detalhadamente, como, por exemplo: custos ou taxas, prazo para resgate, tipos de riscos, possíveis proteções, programação de aplicação ou resgate e assim por diante.

Capítulo 3

Perguntas de fixação

1. O que é escolha intertemporal?

2. O que é desconto hiperbólico?

3. O que é inversão de preferências?

4. Quanto a escolhas intertemporais, o que é um indivíduo sofisticado?

5. Quanto a escolhas intertemporais, o que é um indivíduo ingênuo?

FINANÇAS COMPORTAMENTAIS E ARQUITETURA DE ESCOLHAS

6. Quais são os cinco traços de personalidade que impactam o comportamento financeiro?

7. Como você entende o temperamento mediano do brasileiro em relação a esses traços?

8. Explique por que a combinação entre educação financeira, arquitetura de escolhas, *nudges*, regulação e defesa do consumidor é importante para que as políticas públicas se tornem mais efetivas.

9. Considerando os desafios de políticas públicas, há cinco aspectos que devem ser combinados para aumentar a efetividade de programas governamentais. Descreva as qualidades e as fragilidades de cada um deles: educação financeira, arquitetura de escolhas, *nudges*, regulação, defesa do consumidor.

Atividade extra

O que é mais importante quando se trata de alterar hábitos de poupança dos indivíduos, fazendo-os guardar mais: educação financeira ou *nudges*?

Você já viu alguma iniciativa (produto, serviço, abordagem ou *nudge*) que tenta ajudar a poupar? E a modificar algum outro hábito, como exercícios físicos?

Capítulo 4
Perguntas de fixação

1. O que é excesso de confiança? E o que isso tem a ver com o grau de diversificação?

Atividades para reflexão

2. Quais você entende serem os vieses que você apresenta com mais frequência?

3. Explique por que a influência social pode afetar nossa tomada de decisão.

4. Algumas vezes, estimamos probabilidades com base na facilidade com que uma informação vem à nossa mente. Esse erro é conhecido como heurística de disponibilidade. Dê exemplos de situações em que isso pode acontecer e explique o porquê.

5. O que é ancoragem?

6. No início de uma negociação envolvendo valores, a ancoragem poderia ajudar?

7. O que é *priming*?

8. O que é *framing effect*?

9. O que é *zero cost effect*?

10. Explique o efeito do dígito à esquerda. Você já notou sua aplicação em algum lugar? Onde?

11. Dan Ariely demonstra que o prazer que sentimos ao receber uma opção gratuita é maior do que o simples benefício financeiro. Por outro lado, quando pagamos por algo, nosso engajamento aumenta (em relação à alternativa gratuita). Explique por que isso acontece.

12. Dizem que um bom jeito de gastar menos é andar sempre com notas de alto valor na carteira. Isso está ligado a que efeito comportamental?

FINANÇAS COMPORTAMENTAIS E ARQUITETURA DE ESCOLHAS

Atividade extra

Dan Ariely explica que o ato de pagar por algo gera sofrimento, e quanto mais percebemos esse ato, menos felizes ficamos com a compra. Por isso, em situações em que queremos aumentar o prazer da compra, podemos minimizar a experiência do pagamento. Por outro lado, há situações em que queremos evidenciar o pagamento para que a pessoa não se sinta tão feliz com a escolha que está fazendo.

Identifique uma situação cotidiana em que deveríamos aumentar ou diminuir a dor de pagar ("*pain of paying*") e indique que intervenção você escolheria para isso.

Capítulo 5
Perguntas de fixação

1. O que é gama?
2. Por que a Morningstar usou a letra gama para definir esse conceito?
3. Quais os principais geradores de gama?
4. Descreva o modelo "moderar/adaptar" de Michael Pompian.
5. Por que os vieses cognitivos podem ser moderados?
6. Resuma as características dos quatro perfis de Michael Pompian.
7. Quais os perfis de investidor definidos pelo Boston Consulting Group (BCG)?

8. Segundo Kenneth Haman, qual a coisa mais importante que um planejador financeiro deve fazer ao conversar com um investidor que teve uma séria perda financeira?

   a. Cite os quatro passos descritos por Ken Haman.

   b. Interprete a frase "O mercado de risco é uma enorme fonte de transferência de riqueza dos apressados para os pacientes".

Atividade extra

Pense nos principais vieses comportamentais que você apresenta na hora de investir. Em qual tipo de perfil de Michael Pompian você se enquadra melhor? E do BCG? Caso você não tenha experiência como investidor, procure pensar em alguma outra pessoa e responda de acordo com as características dela.

Capítulo 6

Perguntas de fixação

1. O que é *nudge*?
2. O que é arquitetura de escolhas?
3. Quais os objetivos de um arquiteto de escolhas?
4. No exemplo da *The Economist* citado por Ariely, o que provocou a grande diferença de escolha entre a versão online e a versão impressa nas ofertas 1 e 2?
5. Qual a importância do referencial na tomada de decisão?
6. Segundo o marketing, existem quatro tipos de comportamento de compra, identificados de acordo com a facilidade

FINANÇAS COMPORTAMENTAIS E ARQUITETURA DE ESCOLHAS

e complexidade da decisão e com a ausência e diversidade de opções. Explique as diferenças entre o comportamento de compra complexo (alta complexidade e muita variedade de opções) e o comportamento de compra com dissonância reduzida (alta complexidade, mas pouca variedade entre as opções). Use suas experiências pessoais para aprofundar o entendimento.

7. O que é o paradoxo da escolha?
8. Explique sucintamente a etapa de entender mapeamentos.
9. Explique sucintamente a etapa de fornecer feedbacks.
10. Explique sucintamente a etapa de conhecer os incentivos.
11. Explique a importância das opções predefinidas, especialmente nas escolhas com estruturas complexas.
12. Você conhece algum caso em que alternativas default foram usadas para ajudar na decisão certa?
13. Por que devemos esperar erros quando construímos uma experiência? Dê exemplos.
14. Qual a importância dos feedbacks?
15. Interprete a frase "Não existe design neutro".

Atividade extra

Usando sua vivência pessoal, descreva um processo de venda em que os incentivos atrapalharam na oferta e, consequentemente, prejudicaram sua escolha enquanto cliente. Sugira incentivos alternativos que reduzam o problema.

Capítulo 7

Perguntas de fixação

1. O que é o 1-3-6-9?
2. Por que podemos dizer que o 1-3-6-9 tenta combater o problema do desconto hiperbólico?
3. Como funciona o stickK?
4. Como funciona o Impulse Saver? O que é necessário para que ele seja realmente eficaz?
5. Que característica da arquitetura de escolhas está fortemente presente no Pavlok?
6. Explique a regra de Paris.
7. Relacione os sistemas 1 e 2 com a regra de Paris.
8. Quais componentes da regra de Paris estão ligados à teoria moderna de finanças (teoria do portfólio)?

Atividade extra

A facilidade ou dificuldade em realizar uma tarefa é crucial para os hábitos que adotamos em nosso cotidiano. Por isso, quando o arquiteto de escolhas quer estimular um comportamento, ele busca reduzir eventuais atritos que atrapalhem sua execução.

    a. Pense em uma dificuldade cotidiana (sua ou da população em geral) em que as etapas de execução podem ser uma barreira para os indivíduos.

    b. Liste quais atritos atrapalham ou impedem a realização de alguma ação dentro desse processo.

FINANÇAS COMPORTAMENTAIS E ARQUITETURA DE ESCOLHAS

    c. Analise os atritos e identifique por que eles são empecilhos.

    d. Proponha pelo menos duas melhorias de fácil implementação com base nos atritos que identificou.

    e. Proponha maneiras de mensurar se suas intervenções serão ou não efetivas.

Capítulo 8

Perguntas de fixação

1. Quais são os dois fatores de mudança atitudinal do *Fogg behavior model* (FBM)? Como eles se relacionam à mudança de comportamento?

2. Os indutores podem aumentar a motivação, a habilidade (facilitar uma execução) ou apenas reforçar o comportamento a ser adotado. Dê um exemplo de cada um deles:

    a. Centelhas (aumentar motivação).

    b. Facilitadores (aumentar a habilidade).

    c. Sinais (reforçar o comportamento).

3. Quais são as cinco etapas para implementar um novo desenho de contexto?

4. Por que o *design thinking* pode ajudar a elaborar soluções criativas, com foco no usuário?

5. Quais são as etapas do *design thinking*?

6. O que é o *double diamond*? Quais são suas etapas?

7. O que é um protótipo, no conceito do *design thinking*?

8. O que é o Behavioural Insights Team?
9. Que tipo de *nudge* foi utilizado na mensagem "Nove entre dez pessoas pagam seus impostos em dia"?
10. O que é MVP (produto minimamente viável)? Por que ele pode ajudar a implementar novas arquiteturas de escolhas?
11. Procure soluções inovadoras desenvolvidas pela Ideo. Alguma delas tem características de *nudge*?

Atividade extra

Em grupos, definam um problema para ser tratado, podendo ser de negócios ou de políticas públicas. Atentem-se para buscar resolver uma necessidade humana que realmente exista.

Busquem maneiras de resolver esse problema utilizando as etapas mencionadas no Capítulo 8. Obrigatoriamente, passem pelas seguintes:

> Definir o problema.
> Compreender o contexto.
> Identificar melhorias no contexto.
> Prototipar a solução.

Procurem utilizar métodos como o *brainstorming* e o *design thinking* na dinâmica.

Por fim, descrevam como validarão a hipótese, testarão a solução e acompanharão os resultados.

FINANÇAS COMPORTAMENTAIS E ARQUITETURA DE ESCOLHAS

Capítulo 9

Perguntas de fixação

1. O que são robôs *advisors*? Qual sua principal contribuição?
2. Os robôs *advisors* precisam necessariamente ser destinados ao público final, ou podem ser suporte de aconselhamento para um corretor ou gerente de banco, por exemplo?
3. O que é *blockchain*?
4. O que é criptomoeda?
5. O que são *fintechs*?
6. Como você vê a necessidade de regulação das *fintechs* (em comparação com a forte regulação do sistema financeiro)?
7. Que característica de *nudge* está presente no GuiaBolso?

Atividade extra

Utilizando todo o conhecimento adquirido, discorra sobre os problemas atuais que as finanças comportamentais se propõem a resolver e quais são os vieses e heurísticas relacionados a eles.

Sugira uma solução prática para um dos problemas encontrados, aplicando pelo menos uma das novas tendências identificadas — podendo ser um novo aplicativo, um *wearable device* ou uma combinação entre os dois.

Explore a imaginação e não se restrinja a possíveis limitações técnicas que possam existir.

BIBLIOGRAFIA

ARIELY, Dan; LOEWENSTEIN, George; PRELEC, Drazen. "Coherent arbitrariness: Stable demand curves without stable preferences". *Quarterly Journal of Economics*, 118(1), 2003.

BAKKER, Arnold B.; OERLEMANS, Wido G. M. "Why Extraverts Are Happier: A Day Reconstruction Study". 2014.

BARGH, John A.; CHEN, Marke; BURROWS, Lara. "Automaticity of Social Behavior: Direct Effects of Trait Construct and Stereotype Activation on Action". *Journal of Personality and Social Psychology*, 71(2), 1996. pp. 230-244.

BENARTZI, Shlomo; THALER, Richard H. "Myopic Loss Aversion and the equity premium puzzle", 1995.

BLANCHETT, David; KAPLAN, Paul. "Alpha, Beta and now... Gamma". *Morning Star Inc.*, 2013.

CANALTECH. "O que é API?". 2014. Disponível em: <https://canaltech.com.br/software/o-que-e-api/>.

CANALTECH. "O que são *fintechs* e por que estão ganhando tanto espaço?" 2016. Disponível em: <https://canaltech.com.br/startup/o-que-sao-as-fintechs-e-por-que-elas-estao-ganhando-tanto-espaco-65169/>.

CHOI, Hyung-Eun. "Investor Attention and Bitcoin Liquidity: Evidence from Bitcoin Tweets". *Finance Research Letters*, 2020.

CRONQVIST, Henrik; THALER, Richard H. "Design Choices in Privatized Social-Security Systems: Learning from the Swedish Experience". 2004.

DALBAR, INC. "Quantitative Analysis of Investor Behavior". 2015.

DODDS, Peter S.; SALGANIK, Matthew J.; WATTS, Duncan J. "Experimental Study of Inequality and Unpredictability in an Artificial Cultural Market". 2006.

ENDEAVOR. "*Blockchain*: conheça a tecnologia por trás da revolução das moedas virtuais". 2015. Disponível em: <https://endeavor.org.br/blockchain/>.

EXAME. "Brasil é um dos cinco países com maior número de celulares, mostra ranking". 2021. Disponível em: <https://exame.com/pop/brasil-e-um-dos-cinco-paises-com-maior-numero-de-celulares-mostra-ranking/>.

EXAME. "Conheça as *fintechs*, as startups que desafiam os bancos". 2016. Disponível em: <https://exame.abril.com.br/pme/conheca-as-fintechs-as-startups-que-desafiam-os-bancos/>.

EXAME. "Pulseira dá choque em quem gasta muito dinheiro". 2016. Disponível em: <https://exame.abril.

com.br/seu-dinheiro/pulseira-da-choque-em-quem-gasta-muito-dinheiro/>.

EXAME. "Serasa lança plataforma online gratuita para contratar crédito". 2016. Disponível em: <https://exame.abril.com.br/seu-dinheiro/serasa-lanca-plataforma-online-gratuita-para-contratar-credito/>.

FERREIRA, Vera Rita de Mello. "Confluência de fatores em educação financeira, políticas públicas e mudança de comportamento – O 'quinteto fantástico'". 2017.

FOGG, Brian Jeffrey. "A Behavior Model for Persuasive Design". 2009.

GATHERGOOD, John. "Self-Control, Financial Literacy and Consumer Over-Indebtedness". *Journal of Economic Psychology*, v. 33, n. 3, pp. 590-602, 2012.

GIANNETTI, Eduardo. "O valor do amanhã". 2005.

GIZMODO BRASIL. "Estados Unidos aprovam uso de aplicador automático de insulina para diabéticos". 2016. Disponível em: <http://gizmodo.uol.com.br/eua-aplicador-insulina-diabetes/>.

GUESMI, Khaled; GOUTTE, Stéphane; PHILIPPAS, Dionisis; RJIBA, Hatem. "Media Attention and Bitcoin Prices". *Finance Research Letter*s, 2019.

GUIABOLSO. "Ranking mostra os estados com maior e menor saúde financeira". 2015. Disponível em: <https://blog.guiabolso.com.br/2015/07/21/guiabolso-na-exame-com/>.

IGLESIAS, Martin C. *Investimentos: Textos para nunca mais esquecer*. Rio de Janeiro: Alta Books, 2019.

KAHNEMAN, Daniel; TVERSKY, Amos. "Prospect Theory: Analysis of Decision under Risk". *Ecometrica*, 47(2), p. 263-292, 1979.

KAHNEMAN, Daniel. *Rápido e devagar: duas formas de pensar.* Rio de Janeiro: Objetiva, 2011.

KAISER, Tim; MENKHOFF, Lukas. "Does Financial Education Impact Financial Literacy and Financial Behavior, and if So, When?". 2017.

KEYNES, J. M.; MARSHALL, Alfred. *The Economic Journal*, v. 34, n. 135, pp. 311-372, 1924.

KOTLER, Philip. *Princípios de marketing.* São Paulo: Pearson Prentice Hall, 2007.

LUSARDI, Annamaria. "Saving and the Effectiveness of Financial Education". 2003.

LY, Kim; MAŽAR, Nina; SOMAN, Dilip; ZHAO, Min. "A Practitioner's Guide to Nudging". 2013.

MARKOWITZ, Harry. "Portfolio Selection". *The Journal of Finance*, v. 7, n. 1., pp. 77-91, 1952.

MEDICI GLOBAL, INC. "Top 10 FinTech Investors in 2021 – Tiger Global, Y Combinator, and Sequoia in the Lead". 2022. Disponível em: <https://gomedici.com/top-ten-fintech-investors-in-twenty-twenty-one>.

NORMAN, Don; NIELSEN, Jakob. "The Definition of User Experience (UX)". *Nielsen Norman Group.* Disponível em: <https://www.nngroup.com/articles/definition-user-experience/>.

OECD/INFE. "OECD/INFE International Survey of Adult Financial Literacy Competencies". 2016. Disponível em: <https://www.oecd.org/daf/fin/financial-education/OECD-INFE-International-Survey-of-Adult-Financial-Literacy-Competencies.pdf>.

OLHAR DIGITAL. "Metade da população mundial possui um *smartphone*, revela relatório". 2021. Disponível em: <https://olhardigital.com.br/2021/06/28/reviews/metade-da-populacao-possui-smartphone-revela-relatorio/>.

POMPIAN, Michael. "Behavioral Finance and Investment Types". 2012.

POMPIAN, Michael. "Behavioral Finance and Wealth Management". 2006.

SERASA eCRED. Disponível em: <https://www.serasa.com.br/ecred/>.

SHEN D., URQUHART A., WANG P. "Does Twitter Predict Bitcoin?". *Economics Letters*, 2019.

SIMPLY PSYCHOLOGY. "Marshmallow Test Experience and Delayed Gratification". 2020. Disponível em: <https://www.simplypsychology.org/marshmallow-test.html>.

SHILLER, Robert. "Do Stock Prices Move Too Much to be Justified by Subsequent Changes in Dividends?". 1981.

SMITH, Adam. *Teoria dos sentimentos morais*, 1759.

TECHTUDO. "O que é *blockchain*?". 2017. Disponível em: <https://www.techtudo.com.br/noticias/2017/11/o-que-e-blockchain.ghtml>.

TECMUNDO. "O que é API?". 2009. Disponível em: <https://www.tecmundo.com.br/programacao/1807-o-que-e-api-.htm>.

TECMUNDO. "O que são *wearables* e por que você vai querer usar um em breve". 2017. Disponível em: <https://www.tecmundo.com.br/wearables/117937-samsung-wearables-dispositivos-vestiveis-realidade-virtual-camera-360.htm>.

TED. "Are We in Control of Our Own Decisions?", apresentado por Dan Ariely. 2008. Disponível em: <https://www.ted.com/talks/dan_ariely_are_we_in_control_of_our_own_decisions">.

TED. "The Paradox of Choice", apresentado por Barry Schwartz. 2005. Disponível em: < https://www.ted.com/talks/barry_schwartz_the_paradox_of_choice>.

GEORGE WASHINGTON UNIVERSITY. "Financial Literacy, a Lesson Worth Learning", entrevista com Annamaria Lusardi. 2014. Disponível em: <https://gwtoday.gwu.edu/financial-literacy-lesson-worth-learning>.

TVERSKY, Amos. "Elimination by Aspects: A Theory of Choice". *Psychological Review*, v. 79, pp. 281-299, 1972.

UXDESIGN.COM. Disponível em: <http://uxdesign.com/ux-defined>.

WOODWARD, Susan. "A Study of Closing Costs for FHA Mortgages". *U.S. Department of Housing and Urban Development, Office of Policy Development and Research*. 2008.

YOUSE. Disponível em: <https://www.youse.com.br/>.

YOUTUBE. "Behavioral Finance: The Role of Psycology", apresentado por Robert Shiller. 2012. Disponível em: <https://www.youtube.com/watch?v=chSHqogx2CI>.

YOUTUBE. "Priming Money and Their Effect On Us". 2013. Disponível em: <https://www.youtube.com/watch?v=FVoVJFW5lBA>.

YOUTUBE. "The Marshmallow Test". Disponível em: <https://www.youtube.com/watch?v=OKNu1qjgXaA>.

SMILLIE, Luke; ZHAO, Kun. "One Size Doesn't Have to Fit All". *Behavioral Scientist*. 2019. Disponível em: <https://behavioralscientist.org/one-size-doesnt-have-to-fit-all/>.

WU Y.; ZHANG X.; ZHANG Y.; ZHENG H.; ZHU P. "Investor Attention and Cryptocurrency: Evidence From the Bitcoin Market". 2021.

ÍNDICE

A

Adam Smith, pai da economia moderna, 3
a dor de pagar, 60
alocação de ativo, 84
Amos Tversky, autor, 4
ancoragem, 55, 78
arquitetura de escolhas, 5, 42, 141
asset and liability management (ALM), 75
atenção seletiva, 48
ausência
 de autocontrole, 84
 de motivação, 135
autoatribuição, 49
autocontrole, 33
avaliar os ativos, 122
aversão
 ao arrependimento, 79, 81
 a perdas, 28, 53, 78
 por miopia, 6, 27

B

backfire effect, 169
behavioral
 gap, 20, 76
 Insights Team, 7
blockchain, 162–164
bolha de tecnologia, 111
bolhas financeiras, 1
 geração de, 5
brainstorming, 149, 152

C

capital humano, 75
cérebro reptiliano, 87–88
certified financial planner (CFP), 76
ciclo de valorização, 20
construção de patrimônio, 128

FINANÇAS COMPORTAMENTAIS E ARQUITETURA DE ESCOLHAS

contabilidade mental, 58, 79, 83, 127
crise
  das ponto.com, 5
  de 1929, 37
  de 2008, 42, 118
Curva de Gauss, 11

D
Dan Ariely, economista, 6
Daniel Kahneman, autor, 4
DeFi (decentralized finance), 165
desconto hiperbólico, 7, 33
desenho de contexto, 102–103
design thinking, 147–148, 151
distorção
  de probabilidades, 57
  seletiva, 48
diversificação, 21, 23, 122
  de portfólio, 63
  temporal, 28
dor de pagar, 130

E
economia comportamental, 2
educação financeira, 31, 39–40
efeito
  de enquadramento, 52
  de manada, 5, 160
  disposição, 7
  do dígito à esquerda, 58
  do preço zero, 59

enquadramento, 81
halo, 45
posse, 51, 78, 83
retrovisor, 50–51, 111, 122
equity premium, 27–28
erro pós-realização, 112
excesso de confiança, 46–47, 79, 122

F
falsa percepção de aleatoriedade, 61
fintech, 157
five factor model (FFM), 31, 169
Flávia Ávila, CEO, 8
framing effect, 98
fundos
  DI, 38
  imobiliários, 38

G
George Loewenstein, economista, 6
Grande Depressão, 73

H
habilidade, 135
Herbert Simon, economista, 5
heurística
  da representatividade, 62
  de disponibilidade, 57, 82, 158
hipótese do mercado eficiente, 12–13
Homo economicus, xii, 3

horizonte
   de avaliação, 28
   de investimento, 23
   do investidor, 122

I
ilusão de controle, 49, 79, 158
imediatismo, 139
indutor, 136–137
influência social, 65–66
interface de programação de aplicativos (API), 165–166
inversão de preferências, 33, 35

J
Jurandir Sell Macedo, doutor em finanças, 8

L
linha de ação, 138

M
machine learning, 169
Michael Pompian, planejador financeiro, 7
minimum viable product (MVP), 153
modelo
   binomial, 11
   de média variância de Markowitz, 77
motivação, 135
   alta, 138

mudança de comportamento, 137

N
necessidade de feedbacks, 113–114
neocórtex, 87–88
neuroeconomia, 3
NFT (non-fungible token), 164–165
Núcleo de Finanças Comportamentais da CVM, 7
nudges, conceito, 5, 99

O
objetivos financeiros, 122
open finance, 167
Organização para a Cooperação e Desenvolvimento Econômico (OCDE), 7, 40
otimização fiscal, 75

P
percepção tardia, 84
pirâmides financeiras, 1
planejador financeiro pessoal, 76–77
poder de sedução, 98
Poupe mais amanhã, projeto, 91
preguiça, 112
previdência, 38
priming, 66–67, 143
probability weighting function (PWF), 24
processamento de informações, 107

processo
  de acumulação para a aposentadoria, 123
  decisório, 3–4, 104
procrastinação, 112
projetar, 122
prototipação, 150
psicologia
  cognitiva, 5
  econômica, 2, 6

Q
Quantitative Analysis of Investor Behavior, estudo, 19
Quincunx, engenhoca, 9–11

R
racionalidade limitada, conceito, 5
reduzir os riscos, 122
regra
  1-3-6-9, 123–125
  de P.A.R.I.S, 121–122
relação de risco e retorno, 21
relógios inteligentes, 167
retenção seletiva, 48
Richard Thaler, economista, 5–6
Robert Shiller, economista, 5
Roda da Fortuna, 11

S
Segunda Guerra Mundial, 37
Shlomo Benartzi, economista, 6
subprime, 39, 42

T
taxa de rentabilidade, 126
teoria
  da perspectiva, 4–5, 24–25
  do portfólio, 20–21, 161
tesouro direto, 38
teste do marshmallow, 32–33
testes AB, 144–145
tolerância a risco, 23

U
user experience, 156–157, 161

V
valuation, processo, 14
value function (VF), 24
Vera Rita de Mello Ferreira, professora, 7
viés
  da ancoragem, 54–55
  de afinidade, 63, 84
  de autoatribuição, 82
  de confirmação, 47–48, 78
  de recência, 61, 81
  de retrospecto, 49–50, 79, 84
  de saliência, 62
  de status quo, 63–64, 79
  doméstico, 63, 111

W
Warren Buffet, megainvestidor, 89, 122
Werner de Bondt, economista, 5